ヒャダインによるサウナの記録 2018-2021

―良い施設に白髪は宿る―

著・ヒャダイン

白夜書房

この本は、「月刊BUBKA」2018年3月号から2021年9月号までに掲載された連載「ヒャダイン的サ道探求記
狂い焚きサウナーロード」の42回分の中から抜粋したコラム（訪問記）を加筆修正してまとめたものに
加え、本書のための書き下ろし2本を含んでおります。

目次

01
自粛後のサウナ、そのととのいは産湯以来の衝撃。
「東京・ニューウイング」
012

02
プライベートサウナって貴族の遊びだと思っていた
「埼玉・O Park OGOSE」
018

03
「フィンランド・ヴィレッジ」で考える、プライベートサウナに関してのあれこれ
「長野・フィンランド・ヴィレッジ」
024

030
04
何もかもが衝撃的！「八街ヴィラ」でのサウナ体験。……「千葉・八街ヴィラ」

036
05
船橋の伝説！ 銭湯宮殿「クアパレス」……「千葉・クアパレス」

042
06
最近のサウナブームによる混雑について

048
07
沈黙サウナという究極かつ理想的な新形態!!……「東京・かるまる」

054 ヒャダインによるサウナガイド

[館内着編]

056 08 新たな聖地はここだ！ 北陸の天然水は冷たいぞ「スパ・アルプス」……「富山・スパ・アルプス」

062 09 教えたいけど教えたくない！ 山梨の神施設「より道の湯」……「山梨・より道の湯」

068 10 大人の隠れ家とはこういうことどすえ！ 「京都ルーマプラザ」の天国っぷりよ。……「京都・ルーマプラザ」

⑪ 「神戸サウナ＆スパ」で過ごす七夕の夜 ……「兵庫・神戸サウナ＆スパ」 074

⑫ 秘境！エクストリームな烈火サウナ、「ベストパワーランド」 ……「長崎・ベストパワーランド御湯神指し」 080

⑬ 愛知「サウナイーグル」でみた怪人サウナー ……「愛知・サウナイーグル」 086

ヒャダインによるサウナガイド

［ボディケア編］ 092

094
14 サウナ飯ナンバーワンを考える。

100
15 エクストリーム水風呂登場！……「神奈川・綱島源泉湯けむりの庄」「福岡・ウェルビー福岡」

106
16 サ界のエレクトリカルパレード、それはロウリュ……「熱波師・大森熱狼」

112
17 香港のサウナは常識ブレイカーでした……「香港・温莎水療 Windsor Spa 炮台山店」

ヒャダインによるサウナガイド

［ホテル系施設編］

118

18 リーマンの野戦病院新橋に君臨するハイスペックサウナ。「アスティル」……「東京・アスティル」 120

19 怪奇！「庭の湯」で見た亡霊！……「東京・庭の湯」 126

20 進化が止まらない「サウナ錦糸町・サウナガーデン」……「東京・サウナ錦糸町」 132

138
21 雑多な池袋にそびえ立つ贅の極み「タイムズ スパ・レスタ」……「東京・レスタ」

144
22 世界一カップヌードルが美味しい場所、「白銀荘」。……「北海道・白銀荘」

150
23 サウナ特化型最新施設！「SAUNAグリンピア」で日本の夜明けぜよ……「高知・SAUNAグリンピア」

156
ヒャダインによるあとがき

各回の最後にフィンランドサウナアンバサダーでありサウナ・スパ健康アドバイザーのマグ万平氏による「一口メモ」付き。

マグ万平＝1984年8月7日生まれ。プロダクション人力舎所属の芸人。スクールJCA18期生。サウナ・スパプロフェッショナル、サウナ・スパ健康アドバイザー。熱波師、ウィスキングマイスターとしてサウナの面白さを日々伝えている。また、フィンランドサウナアンバサダーでもある。MROラジオ『マグ万平ののちほどサウナで』が好評放送中。

ヒャダインによるサウナの記録 2018-2021

―良い施設に白髪は宿る―

※本書に掲載されました各施設の情報につきましては、新型コロナウイルス感染拡大防止による営業時間等の変更などがございますので、詳細については各施設のHP、WEBなどをご確認ください。

01

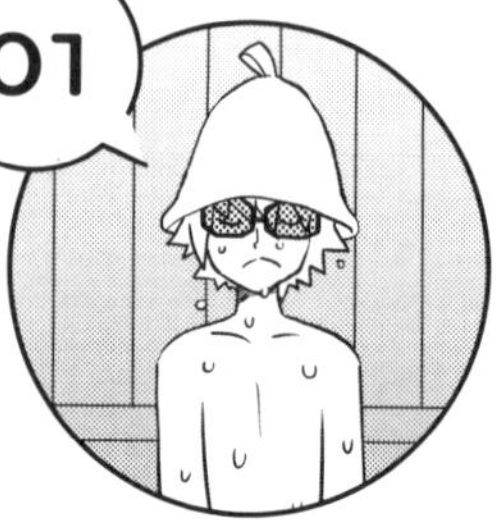

自粛後のサウナ、そのととのいは産湯以来の衝撃。

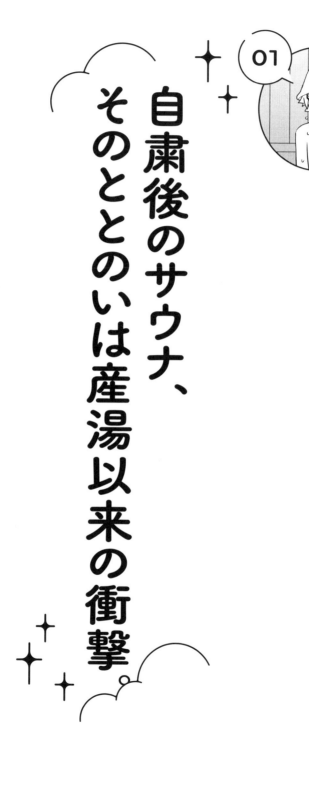

ありがとう！　再開に感謝。サウナがあるという幸せ。

いやー。長かった。２０２０年４月７日に緊急事態宣言が出てから、すべてのサウナ施設が閉館してＮＯサウナ生活が約45日。まあ緊急事態宣言が出る前からさすがに３密だなあと思っていたので遠慮していたから約60日。２カ月サウナに入っていませんでした。コロナという未曾有のウイルスへの恐怖もあったり、仕事がリモート収録になったり、そもそもの数が減ったりでストレスがすごい。イライラしましたねえ。もともとインドア派ではあったんですが、「自分の意思で出ない」と「出てはいけない」は大違いなんだな、と痛感しました。まるで束縛されているような感覚です。

そんなつらい自粛生活が2カ月続き、ようやく緊急事態宣言が解かれましたが、だからといって新型コロナウイルスが消えたわけではない。サウナ施設もおいそれと営業が再開されるわけもなく閉館する施設がほとんど。そんな中、仕事仲間でありサ友でもあるＹＧＱ氏（でんぱ組.incディレクター）が「電話予約でニューウイング2時間貸し切りできました!!」と連絡が！　すげええ!!! そう。感染予防の為、「ニューウイング」や「(サウナ&カプセルホテル)北欧」が2時間貸し切り、一日3組限定みたいな企画をやっていたんです。確かに、不特定多数と触れ合うことがないのでリスクが下がりますね。しかも、普段は男性限定の施設が水着を着たら男女で入ることもできる。ということでサ友6人で行って参りました、錦糸町「ニューウイング」。もうわくわくしちゃって集合時刻の10分前に着いちゃった。一番乗り。吉田支配人が見える! わーい! とエントランスに入ろう、と思ったら「おや!? こ、これは!?」仕事柄見覚えがあるワゴン車と黒い服の男たちが。「これは……。テレビクルーや!!!」。どういうことだよ! と帽子を目深に被りササササッと入場。吉田支配人との久しぶりの再会を喜びつつ、「あれってテレビですか!?」と聞いたら、夕方のニュースで「サウナ施設も限定再開っていうのを出すらしくて、お客さんにインタビューしたいんだって」とのこと。だめだめだめ!! 悪いことをしているわけじゃない。ちゃんと貸し切りだし「ニューウイング」さんも感染防止対策を必死にされているので安全だとも思っている。だけど、緊急事態宣言が明けて速攻るんるんでサウナに行っているのが地上波に映るのはさすがにマズい。昨今何が炎上するかわからない世の中。みんなも俺と同じくイライラしてるし誰かをぶん殴りたい気マンマンな人も多いし。なのでテレビスタッフに事情をお話しして、自分に関しては取材NGにしてもらいました。優しい。

そして60日ぶりのサウナです。しかも「ニューウイング」。誰もいない浴場で体を清めて早速ボナサウナへ。ドアの開閉が少ないので室温もいつもより高めです。でも湿度はとてもいい感じで、入室して5分で汗がドカーンと出てくる！　これこれ！　8分ほどで水風呂プールへダイブ!!　14℃に冷やされた巨大水風呂プールで頭からドボン。溶ける。溶ける。世界が溶ける。天井の線がゆらゆらと揺れる。背泳ぎの格好になって天井を眺める。このまま死んでしまうのかな、と思うくらいの浮遊感が体を襲います。そして「風の滝」の下にあるととのいチェアへと。「ああああああああ」。変な声が出た！　しかも大声！　他のお客

様がいないからまあまあのボリュームで絶叫でした。久しぶりゆえに全身に赤いまだら模様「あまみ」が発生。そのととのい具合は初めてサウナでととのい体験をしたあの日のよう。そう。産湯以来の快感でした。多幸感！　世界に感謝！　そして愚直に自粛していた自分に感謝！　サウナの神様トントゥが頭をなでてくれる、そんな気分です。こんな幸せ、他にあろうか。まじで自粛して頑張ってよかったと思えた瞬間でした。

そんな多幸感の中、吉田支配人がイオンウォーターをサービスしてくれました。「サウナ最高です！」とお話ししたら、吉田支配人は「昨日も点検のためにサウナあったためて水風呂も入れてたんだけどね、やっぱりこうやって人が入ってやっと施設は生きるんだねえ。昨日まで施設は死んでたんだなあ」とポツリとおっしゃり、汗腺ならびに涙腺も崩壊しそうになりました。サウナ施設も死んでいたかもしれませんが、僕たちの汗腺も死んでおりました。みんなが生き返った瞬間を目の当たりにし、アタリマエのことは当たり前ではないのだな、と感謝に包まれました！嫌なことばかりのコロナだけど、こういう〝気づき〟をくれたりするんですね。とにかくサウナ施設運営の皆さん、頑張ってください！

後日談

トロトロにととのった後、出口に行くと例のテレビクルーが。どうしても撮れ高が欲しいらしくこちらサイドはYGQ氏を献上。夕方のニュースを観たら広いサウナ室をYGQ氏が貸し切りしているなんともゴージャスな映像が流れました。なんか、すんませんでした！

今回のサウナ

『スパ&カプセル ニューウイング』
（男性専用施設）

〒130-0022 東京都墨田区江東橋2-6-11
03-3846-1311
24時間営業
休 年中無休

MAG's infomation

もうサウナ好きで知らない人はいないといっても過言ではないですね。このお店の人気の秘密はハードもですが、何度も浴室を出入りしてその日の天気や気温、湿度、混雑具合を見てセッティングを変える吉田支配人だと思ってます。ボナサウナの魔術師！

02

プライベートサウナって貴族の遊びだと思っていた

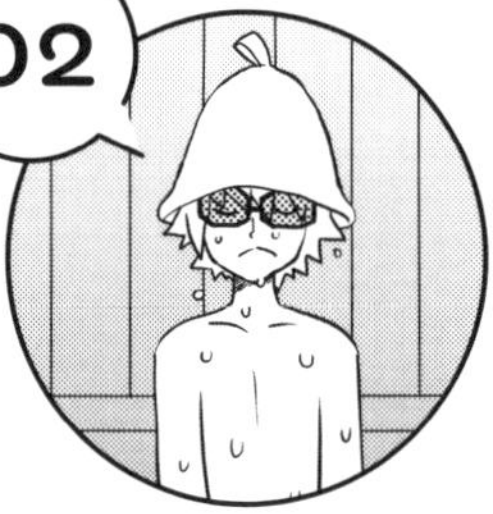

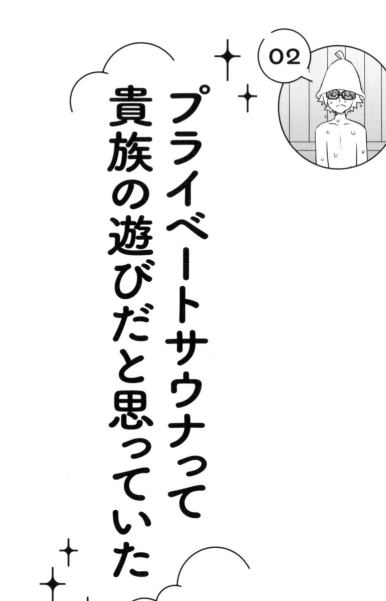

こんな時だからこそのプチ贅沢を検討してみては？

外出自粛、さらには3密を避けるためになかなかサウナ施設に堂々と行けないストレスってありますよね。実際のところサウナ施設はコロナ対策めっちゃ頑張ってて、定期的に空気の入れ替えをしたり席数を減らしたり、浴室以外はマスクの着用を義務付けたり頑張ってるんですよ！

とはいえ、以前のように全身リラックスして臨めるかといえば正直難しいところがある。で。BS朝日『サウナを愛でたい』の撮影で行った「O Park OGOSE」にある、限定一組の「サウナスイートキャビン」にプライベートで行って参りました。こちらの施設、隠し階段付きの平屋住宅となっていて、真ん中に中庭が付いています。隠し階段ってのがロマンですよねえ。一生こういうキッズロマンに囚われて私は生きていくのだろうか。隠し扉とか暗号とか大好きなんですよ。とほほ。で、そこにBBQ施設、サウナ、水風呂、外気浴スペースがあります。しかも中庭、雨が降ってもルーフを秒で出せるのでめっちゃ安心です。実際私が行った時も途中から雨が降り出したのでルーフを出して対応しました。雨音の下で過ごす無敵感たるや。そして、部屋ですが、フィンランドのメーカーで統一されていて非常に心地いいです。もちろん薪ストーブもあります。うーん、ロマン‼　部屋のデザインは大変シンプルでチャラついていません。金持ちのおしゃれフレンドの自宅に来た気分です。そんなヤツいないけども。場所ですが、関東平野の端、埼玉県の越生の森の中にあります。それゆえ「フィンランド・ヴィレッジ」（長野県南佐久郡）や山梨の「より道の湯」のように「あ、標高高いところにきたなー！」という感動はありません。しかし周りに建物はおろかコンビニすらないので浮世離れ感は半端ないです。

さてここからはメインのサウナ・水風呂・外気浴の話をしましょうね。まずサウナ室。室温は80℃。４人が入れる大きさです。そしてセルフロウリュができるように柄杓（ひしゃく）とバケツが置いてあります。チェックイン時にアロマオイルを3つの中から1つ選ばせてもらえます。白樺、松の木、ジュニパーベリーという悩ましさ。そのアロマオイルを柄杓に入れて水とともにサウナストーンにぶっかけます。サウナ室がそんなに広くないので、あっという間に蒸気が部屋を占拠し体感温度は急上昇。アロマの香りが鼻と肌にダイレクトアタックです。で、とても大切なことなのですが、完全プライベート空間なので扉の開閉がほとんどありません。それによって室温の低下が防がれるんですよ！　これまじで重要。逆に、いかに通常のサウナ施設で扉の開閉によって室温が損なわれていたのかなあと痛感する次第です。「ニューウイング」の吉田支配人も扉の開閉で室温が変わるって言ってたもんなあ。80℃、という若干ぬるめな室温だけど発汗量エグいです。そして水風呂へ。サウナ室を開けた目の前にバスタブ！　そして青空!!　しっかり溜めた水風呂の中にダイブ。プライベート空間なので頭からいっちゃっても問題ない。なんなら汗流しをカットしても問題ない。肝心の水ですがさすがに水道水です。なので夏場はそんなに冷水は期待できません。チラーを寄贈したい……。しかし、しつこいようですがプライベート空間。どんなに長居したって文句言われないんです。サイズは完全に一人用。誰も入らせません。青空を眺めながら、夜なら星空を眺めながら体を水風呂に沈め

ます。この世の果てを感じますね。そして自ら出て徒歩0秒、目の前にフィンランド製のととのい椅子が。これまた絶妙な角度なんですよ。新橋「アスティル」のテルマベッドか横浜「スカイスパ」のインフィニティチェアか。頭の枕がまるで母親の膝枕のような優しさで僕を包み込んでくれます。全然里帰りできてないなあ。そして青空、虫の声、鳥のさえずり。都会の音は何も聞こえません。鳥が文字通り「ホーホケキョ」と歌っていて笑ってしまいました。大変に居心地のいいととのい椅子ですが、これも占拠できます。なぜならプライベート空間だから！　そして2セット目は、片手にワイングラスを持ってサウナ室内で軽く飲みながらサウナを楽しみます。これも普段は禁止されていることですよね。もちろん泥酔した状態では入りませんが。サウナ室の小窓から見える緑に癒やされながら飲む白ワインは格別でした。

　サウナを楽しんだ後は豪華絢爛ＢＢＱタイム。ガスのＢＢＱ台で、用意された肉を焼くだけです。これがまた美味で、カレーとナンまで付いてるんですよ。サウナとカレーの親和性は福田雄一と佐藤二朗、林哲司と菊池桃子、まあ言いたいことはわかりますよね。その後、花火を楽しんだり星空を眺めたり、朝起きたら〝朝ウナ〟したり、充実の時間を過ごしました。

　とまあ、とんでもないラグジュアリーな経験をしたわけです。今までプライベートサウナは貴族の遊びだと思っていましたが、この「サウナスイートキャビン」、繁忙期でなかったら一泊

7万円。やっぱ貴族じゃん！　高い！　と思ったでしょう。でもでも最後まで聞いて。最大人数4人で7万なので一人約1万6千円。しかも夕食朝食付きです。そう考えたらそこまでバカ高いわけではない。貴族でも上級国民でもない自分でも行けちゃうんだな。とはいえ、銭湯サウナに行くと600円くらいで幸せをもらえるわけだからちょっと高いか。でも一生懸命働いてここにお金を使うって正しいと思います!!　頑張って働くぞ！

後日談

執筆から1年後、サ友からの情報によるとサウナ室の設定が変わったらしく100℃近くまでと！　す、すごい……。完璧へと近づいてきている。そりゃ全然予約取れないわけだ!!　お願い！　増設して!!

今回のサウナ

『BIO-RESORT HOTEL&SPA
O Park OGOSE』

〒350-0415 埼玉県入間郡越生町上野3083-1
049-292-7889
10:00～22:00（最終入館21:30）
休 毎月第2木曜日

こちらを運営してる「温泉道場」さんは他にも「おふろ cafe」という店舗や「ときたまひみつきちコモリバ」というとこもやっていて、全部サウナがあって、しかも全部良いんです！「温泉道場」さんサウナにめちゃ力入れてます！　もう「サウナ道場」にして！

03

「フィンランド・ヴィレッジ」で考える、プライベートサウナに関してのあれこれ

未来に向けての夢ができましたよ！

BS朝日の『サウナを愛でたい』の撮影で長野県小海町にある「フィンランド・ヴィレッジ」に行ってまいりました。ここなんですがもともとはフィンランドの企業の保養所として作られたもので、小ぶりの湖があり、そのほとりにフィンランド建築のロッジが2つある。そんな感じです。それが手放されるということで、かの「ウェルビー」の米田社長が買い取って「フィンランドサウナクラブ」の皆さんがプライベートで使っている、という施設です。「フィンランドサウナクラブ」の皆様によりメンテナンスはもちろんのこと、新しいサウナや水風呂も作られており、標高1000mの森の中、サウナに入ってはクリアな外気や湖に入って楽しむなど、まるっきりフィンランドな気持ちで非現実を楽しむことができます。

さて。私、今年40歳、独身で可処分所得の割合はかなり高め。そう。自分のために使えるお金は他の方より多いと思います。その反面家族を持っていないので孤独であることは事実です。そんな独身貴族である私、従来のケチケチ根性がいまだに抜けきらず貯金ばかりしている薄味な毎日なんですが、このコロナで色々考えました。満足にサウナ施設に行けない。行けたとしてもなんか他人が気になる。ていうか、田舎に「目的地」がほしい。そんな思いが募り、夜な夜な別荘地の不動産ホームページを見て、サウナ付き別荘情報をただひたすら眺めております。都会で家を買うことを考えたら別荘地って格安なんですね！ そんなことすら知らなかった。所詮狭い人間関係、一緒に行く人だって限られているのでそんなに広い家じゃなくてもいい。そう考えると三桁万円であったりするんですよねえ。ああ、現実的。現状でサウナが付いてないにしても土地はめっちゃ広いので、サウナを増設することは可能です(友人が最近スタジオの中にサウナを作ったらしいのですが、そんなに高くなかったらしいです)。

夜中にスマホで物件を見ながら想像が膨らむわけです。「曲の制作、ノートパソコンだから鍵盤とスピーカーは買って気軽に制作もできちゃうな」「後輩呼んで曲作り合宿なんかできちゃうな」「BBQも気兼ねなくできちゃうかも！」「冬は薪とか割って暖炉もいいな」とか。そんな幻想を抱いていることをある友人に打ち明けたら、「自分も同じこと考えていた時期あったんだけど、それってさ、天気が良くて自分の体調が良い時前提で考えてない？」と言われて久しぶりに「ガーン」となりましたよ。昭和の表現だろうが知るかよ。「ガーーーン」ですよ！ その通りなんだよね。雪も降るし虫も出るし、自分も体調悪かったり何よりも心の調子が悪かったらまあ行かないよね、別荘。行くまで車を運転するのもダルいし。さながら『おもひでぽろぽろ』の主人公のように田舎幻想を抱いていたなあ、と痛感。それからは別荘検索もやめていたんです。

しかしですよ！「フィンランド・ヴィレッジ」に行って「この手があったかー！」とひざポンですよ。そう。共同管理。「フィンランドサウナクラブ」の皆さんは「フィンランド・ヴィレッジ」を共同で管理して家のメンテンナンスをしつつ、内部の設備などを共有財産として気兼ねなく使うという、非常に効率のいい使い方をしています。みんなサウナが好きで、それぞれを尊重しあえる仲間と共同で管理する別荘。こ

んなにオトナなことがありましょうか。「サウナ好きには悪い人はいない」というフィンランドの諺があるとかないとか。でもその通りで、撮影の終わりに「フィンランド・ヴィレッジ」を訪れた濡れ頭巾ちゃん（※『サウナを愛でたい』の共演者であり、「フィンランドサウナクラブ」の会員でもあるサウナ界のレジェンド）のお友達と一緒に御飯を食べたのですが、まあ楽しい楽しい。みんなサウナ好きだから話題が尽きないんですね。さらにはサウナでととのっているもんだから上機嫌だし。そこには幸せしか詰まっていなかったです。サウナ芸人のマグ万平さんもいらっしゃって、土の中に作られたスモークサウナを何時間も前から作ってくださったり、ご自慢の料理をふるまってくださったりと至れり尽くせりです。今回私は完全にゲスト面して行ったからもてなされるばかりでしたが、もしホスト側に回ったら色々動きたいしきっと楽しいだろうなあと思いました。てなことで、サウナ好きの友人を集めて僕も別荘を作りたい!!　それを夢にして２０２１を駆け抜けたいと思います。２０２０まだあるけどね。

後日談

現在2021年8月ですがまだ別荘購入には至らず、サ友であるYGQ氏がサウナ用の物件を都内に借りた、とのことで遊びに行ったら6人くらい入れるサウナ室、そしてチラーを導入した水風呂をおしゃれな一軒家に作っており、自分の行動力の無さ、意志薄弱に自己嫌悪真っ最中です！この重い腰はどうやったら動くのか……。

今回のサウナ

『フィンランド・ヴィレッジ』

〒384-1103 長野県南佐久郡小海町豊里798

原則プライベート施設につき、一般利用については下記サイト等で確認のこと

小海フィンランド協会
https://sites.google.com/site/koumisuomi/home
サウナイキタイ
https://sauna-ikitai.com/saunas/4374
小海町観光協会
http://www.koumi-kankou.jp/

三大幻サウナのうちのひとつ「フィンランド・ヴィレッジ」。もう文字に起こしただけでととのいそうな名前……。こちらは個人の施設で一般開放してないのですが、年に数回サウナのイベントをやってます。もう天国ですよ。詳しくはFSC のサイトで検索し てみてください。

04

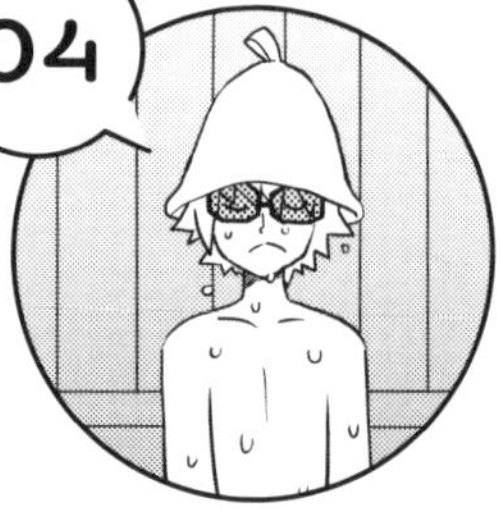

何もかもが衝撃的！「八街ヴィラ」でのサウナ体験

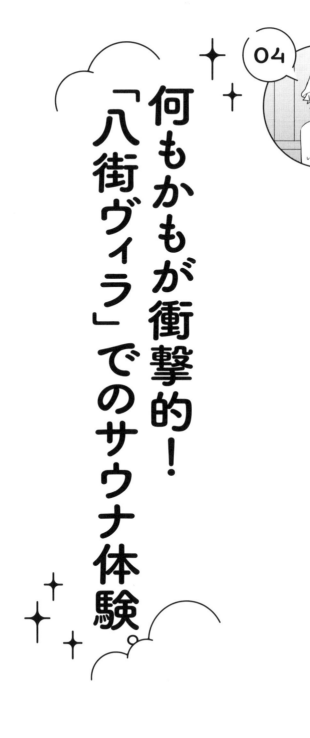

自然の中でととのい。「幸せ」の意味を再考

ＢＳ朝日で好評放送中『サウナを愛でたい』。こちら月曜日にお引越ししましてそのロケで色々な場所に連れて行ってもらえるんですが、その中でも衝撃的だったひとつが「八街ヴィラ」です。ちょっと生き方まで考えちゃうな、という経験でした。

まず千葉県の八街市の山の中にあるんですよ。ロケバスで行ったのですが車幅ギリギリ。相当な山道の中をグネグネと進むと手作りの看板が見えてきます。車を止めて外に出ると鳥の声しかしない！　てか鳥の声がうるさい!!「ホーホケキョ」はもちろん、聞いたことのない鳥の声が大騒ぎ。え、野鳥園？　小さい頃行った天王寺動物園思い出すわ。動物園嫌いだったなあ、動物そんなに好きじゃないし。臭いって逃げてたなあ、小さい頃。

で。手作りの公園とブランコがお迎えする中、最近建てた感じの建売住宅が一軒と昔ながらの邸宅が一軒。昔ながらの方から赤井英和似のダンディなおじさんが出迎えてくれます。隣にいるのが若い美女！　なにごと!!!　よく聞いてみるとフィリピン出身の奥様らしく、なんと三児の母。

とても快活な方でフィリピンの方は陽気で素敵！　で。サウナはどこよ。邸宅の裏に歩いていくと一面の異空間!!　まず左手にこれまた手作りのウォータースライダー！　ペイントの手作り感が中国のインチキテーマパークのようで最高。ウォータースライダーの流れ着く先はでっかいプールなんですが、なんとまあキンキンの水風呂!!　16℃くらいかなあ。これ、子供さんがワクワクとウォータースライダーに乗って飛び込んだら悲鳴ですよ!!　完全にサウナーのための施設ですねえ。そしてその横にはととのい椅子やリクライニングチェア。眼前には畑、畑、畑。ＢＢＱ機材や屋根付きテーブルもあるので雨天時もいいですね。肉を持ち込んで宴会したくなります。こういったテーブルや屋根も全部手作りなので若干デザイン的にいびつなところはありますがそんなのどうだっていいんですよ！　逆にそれがいい。

そして歩いていくとテントサウナ発見!!　４人くらい入れるサイズで中で薪をくべて熱を閉じ込めます。テントサウナ内に２人がけベンチがあるんですが、それがどうみても公園用のやつ。手すりが鉄。これ、絶対熱くなるよね!!　こういうヌケ感もいいです。もちろんセルフロウリュが可能で、ちょっと強気に多めにかけるとテント内にどかんと熱気が充満。とはいえテントなのですすーっと蒸気が抜けていきます。まさに蒸気浴、といったところでしょう。さらにテントサウナの向こう側には小屋が。メインサウナですね。前室には体流し用のシャワー室も完備。肝心のサウナ室ですがめっちゃフィンランド！　行ったことはないけど。ライトは抑えめでテレビもなし。寝転がれるスペースもありつつ穏やかな木に囲まれて大変いい室温です。ここもセルフロウリュが可能で、ジャバジャバかけたらいい感じにサウナ室が蒸気につつまれます。テントサウナよりも体感温度は高いので発汗もスムーズです。びっちょんこと汗をかいて外に出たら、これまた手作り感満載のツボのような水風呂発見!!　タイル張りのヨーロピアンなデザイン。しかし水温が多分15℃くらい！　カチンと冷えてなかなかのクオ

リティ。そしてなにより深いのが嬉しい！　頭からずぶんと潜れます。

しっかり体を冷やしたあとは先程のとどのいスペースへ。畑を見渡しながらリクライニングチェアで横になると鳥の声に爽やかな風。ととのわないわけがない!!　もはやそれは黄泉の国。シャングリラ。シャンバラ。桃源郷。命が溶けていく感覚になりました。次のセットはウォータースライダーへと!!　1秒くらいで流れ落ちる短いものですけどなかなかスリリング!!　ドボンとプールに落ちた時は少年の笑顔です。ママ！　これが乗り放題なんだよ！　僕一日中乗っちゃうなあ！

でね。ご主人にここを作った経緯を聞いたんです。もともと東京でテレビマンをやっていたご主人、「肉体労働的なことをやりたい」という思いが強く、先祖から引き継いだ八街の森をユンボで切り拓くことに。ご主人、ユンボへの信頼が厚く、ユンボが人生を変えてくれたと何度も。そして民泊用に家を建て、ユンボで庭を作りプールを作り、そしてサウナブームということでご主人はサウナーではないにもかかわらず「YouTubeで作り方を見た」という見よう見まねでサウナを完成。そして「ホームセンターで教わった」やり方で水風呂も完成。「ここから見る夕陽が最高なんですよ」と椅子に座って日本酒を飲む夫婦の姿が眩しいったらありゃしない。本業は並行輸入をリモートでやっているらしく、場所は関係ないとのこと。ああ生き方考えちゃうな。都会にいるのが正解なのかな。ＱｏＬ（Quality of Life）って人それぞれだよな。でも俺ユンボ使えないしな。てか嫁もいないしな。なんだか自分の持っていないものだらけの世界に衝撃を受けて、不思議な感情で東京に帰りました。「幸せ」ってなんなんでしょうねえ。

後日談

奥様以外のフィリピン人の男女が何人か働いていて、なんだったんだろうと調べたらフィリピンの方は家族を重んじて、成功した親類がいるとまとめてみんなついていくのが文化らしいですね。助け合いの精神、すばらしい。

今回のサウナ

『八街ヴィラ』

〒289-1133 千葉県八街市吉倉379
090-6100-1907
10時〜15時（日帰り利用）
休 不定休

MAG's infomation

ご主人がYouTubeで作り方を見よう見まねで作ったサウナ。今まで「プロにしか作れない敷居の高いサウナ」だったのが「みんなも作れるくらいの身近なサウナ」になってきてるのかなと思ってます。もちろんプロの知見と経験は信頼できるものですので、助けを借りながらサウナが増えていくといいですね！

05

船橋の伝説！銭湯宮殿「クアパレス」

ファンシーフナバッシー 高貴なカオスにようこそ

ＢＳ朝日『サウナを愛でたい』のレギュラー放送もあって、新しい施設に頻繁に行っております。サウナに行き過ぎてどこがどうだったかという記憶が混濁してたりもします。幸せなことですね。ととのってるわー。

その中でも一番強烈だったのが船橋の銭湯「クアパレス」です。価格は一般的な銭湯価格なのですが、まず外観からして強烈！　ギリシャ神殿のような柱にシャンデリア！　手入れの行き届いた花も大量に飾られています。施設に入るとたくさんの彫像!!　動物もあれば人型もある。さらにはツタンカーメンまで。そしてまたしてもシャンデリア。受付にいくとワンちゃんが４匹お出迎え。こちらはリアルワンちゃんです。生きてます。もうこれだけでも情報量ヤバいでしょ？キンキラキンの応接間には多分70インチはあるテレビがドーーン。トイレに行ったら便器が見たことない形でゴールド。どこの会社に頼んだらこんな便器できるんだよ。最高だな。ここで大便をしたら金の延べ棒が出てきそう。『おぼっちゃまくん』を思い出しますよね。ヘケケッシュ。

今改めて思うとびんぼっちゃまスタイルって逆に金かかるよね。てか、ファッション的に超おしゃれじゃん、びんぼっちゃま。

でね。脱衣所に行くとこれまた彫像とシャンデリア。そしてまた液晶テレビが複数！　ロッカーも銭湯とは思えないファンシーさ。撮影で貸し切りだったので特別に女子の脱衣所も見学させてもらったのですが、そこはすでにファンシーショップでした。「リカちゃんテレフォン」「キキララ」「バットばつ丸」。匂い玉、シール。まあ全くそんなもの売ってませんけどね。でもそんな「夢見る夢子」ちゃんが夢見たようなベルサイユな脱衣所なわけです。そんなキラキラな空間で、てらいもなく素っ裸になって浴室へ……。本当にここは銭湯施設なのか。唯一銭湯らしさを感じるのがカランとシャワー。銭湯独特の固定型のアレです。とはいえ色はファンシーですけどね！　お風呂の種類はたくさんあり、もはやスパ銭。そしてこれまたでっかい液晶テレビがひとつと、ジェットバスにはそれぞれに小さな液晶テレビが付いてます。え。ここ報道フロア？　東証株式市場？　えなりかずきくんの部屋？　電磁波やばいね！　最高だな。テレビが多いんだけどジェットバスの音がめっちゃ大きくてゴゴゴゴってなっててもうカオス。

そしてメインはサウナですよ!!　中温サウナと高温サウナがあり、まず中温へ。広い。そして100℃超え。中温で100℃て。で、ここもまた液晶テレビに爆音で映画が流れています。普通さ、サウナ室のＢＧＭってさりげないじゃないですか。そんな常識無視！　超絶大音量。これは店主の意思らしく、サウナ室でおしゃべりをするのを防止する為らしいですよ。なるほどー。にしても高温多湿のサウナ室の中に普通に高価なスピーカーがドカンと置かれている。すぐ壊れて直すんだろうな。メンテナンス大変だろうな。さらにサウナ室内にはアメジストがどかーんと置かれていて景気がいいです。まあ僕はパワーストーンを全く信じていないんですけどね。石で幸せになれるほど人生は甘くないと思います。さておき、ほどよい湿度で気持ちよく汗がかけます。そして水風呂！　広い！　銭湯の水風呂といえば

2、3人が入れれば御の字くらいの狭さですがここはめっちゃ広い！　体をじっくりと冷やすことができます。そしてサウナ室の横にはきっちりととのい椅子も。心遣いが行き届いてますねえ。そして次は高温サウナへ。110℃超え。すげーー。そしてここも液晶テレビ!!　そして先程の映画と全く同じものが流れています。そう！　さっきの続きをこっちで見ることができるんですよ！　優しさ。サウナ室で金曜ロードショーとバッティングした時ってすごく難しいんですよね。CMのタイミングとかで出ても、結果続きを見ることができなかったりして忸怩たる思いをすることもしばしば。そのストレスを解決してくれるんですねえ。ありがたい。そうそう。サウナ室の内装は両室ともストイックでベルサイユ感はゼロ。そこにサウナーの矜持みたいなものも感じてニマニマしちゃう。

僕は今回撮影で行ったので見られませんでしたが普段行くと和彫の入ったお兄さんたちがわんさといらっしゃるらしく、〝ファンシー×和彫〟という異種格闘技戦が見られるらしい。カオスにさらなるカオスが交わるという。そんなカオスな「クアパレス」にかけたお金、総額2億円らしいです！　ひゃー。でもそういう生き方って最高じゃないですか？　自分の価値観や趣味に全力全額ぶっこんでお客さんを楽しませるという精神。個人経営ならではの生き様銭湯でございました。

後日談

すっかり船橋が気に入ってしまって、「クアパレス」の他に「船橋ジートピア」や「船橋グランドホテル」などを訪れたのですが全部ギリシャ風なんですよね。え？　船橋ってアテネと姉妹都市なの？

今回のサウナ

『クアパレス』

〒274-0077 千葉県船橋市薬円台4丁目20-9
047-466-3313
15時～23時30分
休 不定休。詳細はTELにて

ここは唯一無二の銭湯ですね。僕はサウナ室でテレビを普段は見ないのですが、首をどこに曲げても目に入るテレビとどう向きあうか？　を考えた結果、家に置くならどのサイズのテレビがいいのか？をずっと考えてました。あとメーカーとか見ちゃったり。施設に合わせた楽しみ方無限大です。

06

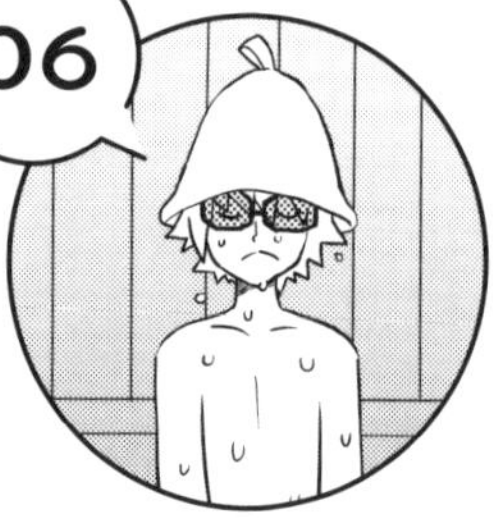

最近のサウナブームによる混雑について

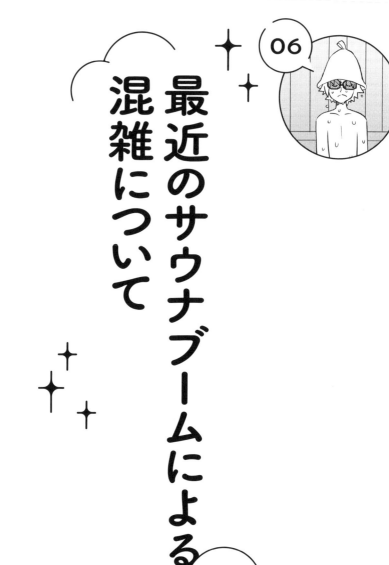

大声出してる時点でととのってねえからな！

昨今、日に日にサウナブームが加熱していってると思います。やはりドラマ『サ道』の影響が大きかったみたいですね。特に20代を中心とした若年層のビギナーがサウナに押しかけていてとてもいいことだなあと思う一方、いつも行っていたサウナが満室で入れなかったりと迷惑をこうむることもしばしばあります。今回はこれに関して実際の体験をご紹介しつつ考察していきたいと思います。

まず大井町の「おふろの王様」。ここは入浴料が安いということもありますが、人が多い！週末や夜はほんとごった煮です。施設自体はとても清潔で構造もしっかりしているスーパー銭湯なんですが、大井町駅から徒歩1分ということもあり若者が多いんです。肝心のサウナ室は結構広くて五段くらいあるひな壇式。テレビはありますが音量も控えめでとても良い。名前も良いんですよ「キングスサウナ」。中温中湿で心地よく汗がかけます。そしてなにより水風呂への動線が素晴らしい！　サウナ室の真横です。水温は16℃くらいと適温ですね。若干カルキ臭さが気になるけれど、火照った体にはたまらない水温です。そして外気浴への動線も短く、すぐに露天スペースに歩いていけます。和を基調とした露天スペースはそこそこ広く、椅子も多くて計算されてますなあ。スチームサウナもとても良いんですよ。薄暗い6人ほどのキャパで、中国のツボみたいなのからもくもくとスチームが出るのをみんなで囲んで体に塩を塗り、ひたすら汗を待つというまるで修行僧！　カンフー映画を彷彿とさせる空間です。

だけども。やっぱり若者が多いと民度が低くなるのも事実。なんで風呂場で若者は大声で騒ぐのかね。「ととのった〜」とか大声ではしゃいでんの。いやいや、大声出してる時点でととのってねえだろうがよ。はしゃぎたいならスポッチャいけよ。別の施設では、セルフロウリュをする際に勝手に「それでは○○時からのロウリュを始めます。ロウリュとは……」みたいに熱波師気取りで口上たれ始めて、へたっくそなアウフグースを始める輩も多数目撃されています。まじでスポッチャで汗流しててくれ。そんなこと考えてたらおっさんグループもはしゃいで騒ぐ狂乱。じじい、わきまえろよ‼　で。「おふろの王様」もあまりに人が多すぎてサウナ室に人が入り切らず空席待ちの列が5人ほどできてるんですよ、浴室内で。空いたらどの席でもいいから入っていく、というスタイル。自分は最上段に行きたいタイプなので正直ストレスです。サウナ室の前で真っ裸で快楽を待つ行列、これはもう汁男優や……。

新橋の「アスティル」も似たような状況になっていて、ハッピーアワーの17時過ぎからはサウナ室パンパン。詰め気味で座らなきゃいけないのでオッサン同士で汗ばむ体をひっつけ合うという苦行です。そして全施設共通なのですが、人が多いので水風呂の水質が問題です。温度だけを求めてジャプンと入って体が冷えてああ気持ちいいとなった後、ふと水をみると濁ってるんですよ！　学校のプール前に入るあの消毒液みたいなやつ（あれって最近の小学校にないって本当ですか？　冷静に考えてあの施設なんだったんだろう）。たとえ全員汗流しをした後に入浴していたとしてもやっぱり水は汚れるよね。赤坂の「オリエ

お店のルール、
マナーを守って
人に迷惑をかけずに
楽しみましょう。

ンタル」にいたってはキャパオーバーだから靴箱のところでみんな待つという異常事態です。

さて。このサウナ過密問題。憂うだけでいいのでしょうか。古来のサウナー、そして私のようなキャリアのサウナー仲間はみんな憂いでいます。いやいや。ポジティブに考えましょう。サウナブーム前は営業が苦しいサウナ施設が本当に多かったと聞きます。おじさんのものとして一部にしか支えられていなかった施設が、いまやパリピにも支持。これはビジネスチャンス！　良施設が潰れるのはつらいでしょう。それが潰れるどころかキャパに対応するためにリニューアルしてくれる可能性だって出てくるわけだ。最高じゃん！　実際「SpaLaQua」とか「スカイスパ」とかリニューアルしてめっちゃ良くなったでしょ？　なので後は若者のサウナマナーをたしなめる声が大きくなればいいですね。施設側の声がけもそうですし、有名サウナーたちによる注意喚起、あと一施設に一人、定年退職して暇な頑固親父を雇って営業時間中ずっと浴室にいてもらって無法者を叱り飛ばす、というシステムはみんなハッピーではないでしょうか。ぜひご一考くださいませ！

後日談

コロナでここに書いた施設はほぼ休館というとても悲しい状況になったのですが、感染対策をしっかりすることによって営業再開！　めでたい！　でも前よりも混むようになってしまいました……。ネガティブになりたくないので自衛もこめて最近は車で１時間くらいのサウナに逃げております。

MAG's infomation

ちなみに、「アスティル」や「オリエンタル赤坂」も今年サウナ室をリニューアル!!　大変な時期ですが、施設側の、お客様に〝より気持ちよくなってもらいたい〟という思いに全国のサウナーを代表して感謝の意を申し上げます。

07

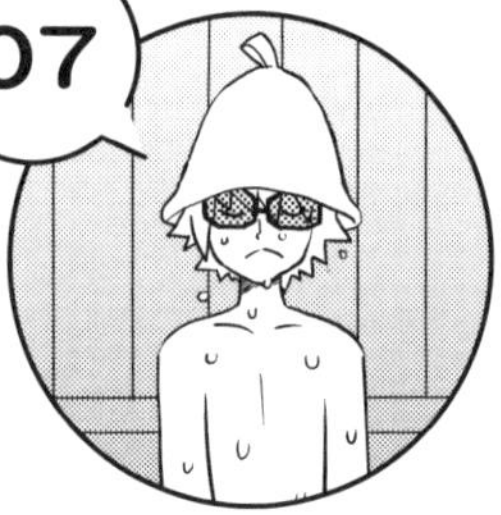

沈黙サウナという究極かつ理想的な新形態!!

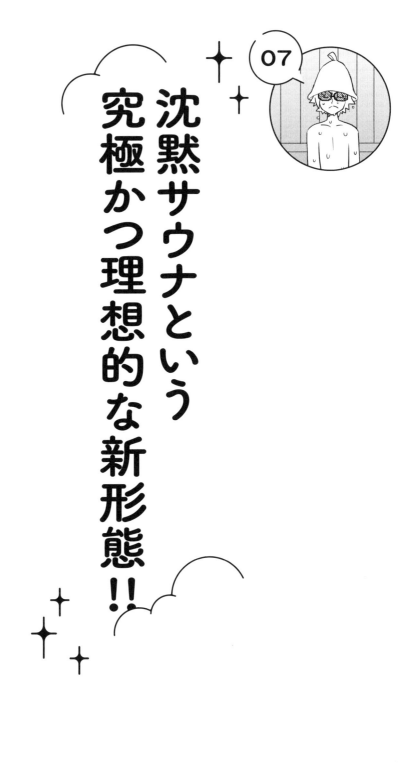

名施設の英断により帰ってきた〝白髪〟！

執筆時点（２０２１年３月当時）ではまだまだ東京は緊急事態宣言発令中。都外への移動、さらに温浴施設訪問がなかなか難しい現状です。もちろん感染対策をしっかりしている施設だらけだし、こちらも感染させないように最大限努力はするんですがなかなか難しいもんですね。

そんな中、感染対策の極みのような施設があると聞きつけて行ってまいりました。そう。「池袋かるまる」。近年爆誕した最新のサウナ施設。私も出演するＢＳ朝日の『サウナを愛でたい』でも特番時代に特集させていただいた名施設なのですが、いかんせん昨今のサウナブーム。土地柄もあって「かるまる」は若い人たちがわんさわんさ。でかい声で「ととのったー！」と叫ぶ者がいたり休憩室をパーティー会場にしている輩がいたり。まあいいんですよ。それくらいサウナの裾野が広がっているということですから。しかしゆっくりじっくり入りたい派の私としては足が遠のくばかり。良いサウナ施設の指標である（↑勝手な指標です）、「白髪率」が非常に少ないのも特徴的です。

しかしそんな「かるまる」が緊急事態宣言を受けて「グループ禁止」を打ち出した！　そう。お一人様限定なんです。しかも「施設内で仲間と落ち合うのも禁止」となな。すげーー!!　わかってる!!　そうなんです。ミーハーサウナーの特徴は「若くて群れる」なんです。大体４人組で徒党を組んでスポーツドリンク片手に４人一体で行動する。そりゃ騒ぎたくもなるわな。その特徴を理解している「かるまる」はグループ禁止を通達。果たしてみんな守っているのだろうか、という偵察込みで行ってまいりました。結果から言いましょう。最高です!!!　ひゃっはー!!　これだよこれ!!　お客さんはみんなルールを守って全員おひとりさまです。したがって誰も喋らない。そりゃそうだよね。喋る相手いないもん。人はそれなりに多くてサウナ室もちょっと満室になるくらいだったんですが、まあ静か。みんなまっすぐ前を向くか、うつむいてひたすら汗が落ちるのを感じる空間。水風呂に入って吐息ため息が出ることはあれど、「ぎゃーーつめてーーー!」とか「むりむりむりーー!」とか物見遊山、アトラクション代わりに使うやつらもいません。外気浴もみんな一人。いままでは、外気浴スペースでペチャクチャおしゃべりをしていたせいでなかなかととのいベッドが空かなかったんですが、回転率さいっこー!!　レストランもこれまた最高。全席がおひとりさま仕様になっています。そう。向かい合って座る席はひとつもなくて、イメージとしては学校の教室。黒板がテレビ。座席が机。みんな同じ方向を見つめながら孤食を進める。みんな一人だからいよいよ孤食への劣等感もなくなります。普段1杯くらいで帰っちゃうんだけど、芋焼酎3杯飲んじゃいました。そう。そして良いサウナ施設の指標である（↑勝手な指標です）、「白髪率」が回復していたのです！「かるまる」に白髪が帰ってきた!! くたびれたおっさんたちが帰ってきた、ということは落ち着いたサウナ施設というお墨付きをもらったようなもの。全員ハグして歩きたかったです。ありがとう！ 白髪!!

そんな素敵空間になった「かるまる」。しかし私は見逃さなかった。ひと組だけ施設内で落ち合っていた奴らを見つけてしまったのです。ちょっと色黒のコワモテ系

のお兄さんがサウナ室で、隣のこれまたコワモテ系の人とコソコソなにか話をしている。少し笑ったりもしている。ピピーーー!!! 刑務官の先生!! こいつらグルです!! 規則に反してます!!! 逮捕してくださーい!! 心の中の模範囚が叫び出します。鳴りもしないサイレンが「かるまる」に響き、棒をもった刑務官がしばき倒しに走ってくる音が聞こえます。全部幻聴ですが。しかし同調圧力、さらには一体感というのはすごいもので、どんなにコワモテだろうが私を含むおひとりさま客が一斉に睨む! 「はぁ?」という顔で睨む!! 本人たちも規則違反をしている自覚があるせいかすぐに黙り距離を取り始めました。ふむふむそれでいいのだ。刑務官の先生はいないけど我々一人ひとりが刑務官。ととのいの恩赦を求めてさすらうウォーリアー。『北斗の拳2』のTOMCATが聴こえてきますね。ええ。完全にイカれています。

でね。正直「かるまる」にはこのままでいてほしいんですよ。永遠にグループ禁止。私語厳禁。おひとりさま限定施設であってほしい。もちろん大勢でわいわいしたい勢を断ることになるので客入りは減るかもとご心配されるかもしれませんが、それ以上におひとりさまのお客さんは増えると思う。今まで心折れていた勢は今の「かるまる」大好きだよ! ああどうかこの思いが届きますように!! 白髪がまたどこかに飛んでいってしまいませんように!

後日談

私が「かるまる」の厳戒態勢をほめたところサ友から、「サウナって本来そんな厳しく入るものだったっけ」と腹パンチ発言をいただきました。そうだよな、本当はめいめい好きなように楽しむものなんだよな。ルールやマナーを決めて、それに反する奴らを弾劾するなんてほんとはサウナですることじゃないよな。いつの間にかがんじがらめになっていた自分を反省。でもマナーは大事!!

今回のサウナ

『サウナ&ホテルかるまる 池袋』

〒171-0014 東京都豊島区池袋2丁目7-7
6Fフロント入口（3階〜10階）
03-3986-3726
浴場利用時間:11:00〜翌9:00
休 年中無休

「かるまる」はサウナ、水風呂も素晴らしいのですが、リラクゼーションが素晴らしいです。
個室空間でゆったり、タイ古式やヘッドマッサージもありまーす。

ヒャダインによる

サウナガイド

SAUNA GUIDE (KANNAIGI)

館内着編

サウナイーグル

ニチアサ系 ヒーロー気分

ボウリング場併設という少し珍しい業態もあってか、プロボウラーが着ているユニフォームに見えなくもない。

『サウナイーグル』
(※男性専用施設)

- 愛知県知立市宝町塩掻58番地
- 0566-82-2814
- 24時間営業(※AM8:30〜AM10:00の間は浴場の清掃)
- https://www.sauna-eagle.jp/

ニューウイング

架空球団のユニフォーム

吉田支配人が、ベーブルースがいた時代の、メジャーリーガーが着るユニフォームくらいゆったりした作りをイメージしたそう。

『スパ&カプセル ニューウイング』
(※男性専用施設)

- 東京都墨田区江東橋2-6-11
- 03-3846-1311
- 24時間営業
- http://spa.new-wing.com/

タイムズ スパ・レスタ

薄い靴下が冷えに優しい

館内着は各施設襟が無いタイプが多い中、珍しい襟付きの館内着。そのため、ちょっと上品な大人になった気分になる。

『タイムズ スパ・レスタ』

- 東京都豊島区東池袋4-25-9 タイムズステーション池袋10階〜12階
- 03-5979-8924
- 11:30〜翌9:00
- http://www.timesspa-resta.jp/

神戸サウナ&スパ

友達の家での お泊まり会パジャマ

上下セットで選ぶおじさんが大半も、適当に選んで上下色違いで着ているうっかりファッショナブルおじさんがいる。

『神戸サウナ&スパ』

- 兵庫県神戸市中央区下山手通2丁目2-10
- 078-322-1126
- 24時間利用可能
- http://www.kobe-sauna.co.jp/

サウナラボ神田

お洒落ポンチョが可愛い

元々のサウナポンチョのかさばりを改善して、生地とパターンをオリジナルで作成。まったくかさばらない大人気のポンチョに。

『サウナラボ神田』

- 東京都千代田区神田錦町3-9
- 11:00〜21:00（完全予約制）
- http://saunalab.jp/kanda/

スカイスパ

肌に優しいワッフル

軽くて肌触りの良いワッフル地の館内着。女性用はボタニカル柄のさらっと着られる生地で、人気も高いものに。

『スカイスパYOKOHAMA』

- 神奈川県横浜市西区高島2-19-12スカイビル14F
- 045-461-1126
- 24時間営業（※AM8:30〜AM10:30の間は浴室の清掃）
- https://www.skyspa.co.jp/

おふろcafe utatane

彼女感オブザイヤー

某無印のパジャマと言っても信じる人がいるくらいおしゃれでシックな館内着。良い意味で施設の館内着っぽくない。

『おふろcafe utatane』

- 埼玉県さいたま市北区大成町4-179-3
- 048-856-9899
- 10:00〜翌9:00（受付終了 翌8:30）
- https://ofurocafe-utatane.com/

しきじ

ビニール袋に密閉された宇宙

クラッシックな作務衣スタイル。クリーニング→パッキング→お客様。この工程を365日続けている姿勢に感謝しかない。

『サウナしきじ』

- 静岡県静岡市駿河区敷地2-25-1
- 054-237-5537
- 24時間営業
- https://saunashikiji.jp/

竜泉寺の湯

岩盤浴着が夏真っ盛り

炭酸泉発祥の店とも言われる同店。テーマは「お風呂のパラダイス」。全国7店舗で展開。名古屋守山本店は宿泊も可能。

『竜泉寺の湯』

- 名古屋守山本店、豊田浄水店、仙台泉店、湘南 RESORT SPA、横濱スパヒルズ、八王子みなみ野店、草加谷塚店
- https://www.ryusenjinoyu.com/

スパジアムジャポン

ひたすら派手！お祭り気分

3種類から選べるワクワクするようなポップなデザインが特徴。グループや家族も楽しめる大型温浴施設で心もウキウキ。

『スパジアムジャポン』

- 東京都東久留米市上の原2-7-7
- 042-473-2828
- 月〜木9:00〜25:00　日祝8:00〜25:00　土曜・祝前日（休日）8:00〜26:00　金・祝前日（平日）9:00〜26:00まで
- https://www.spajapo.com/

08

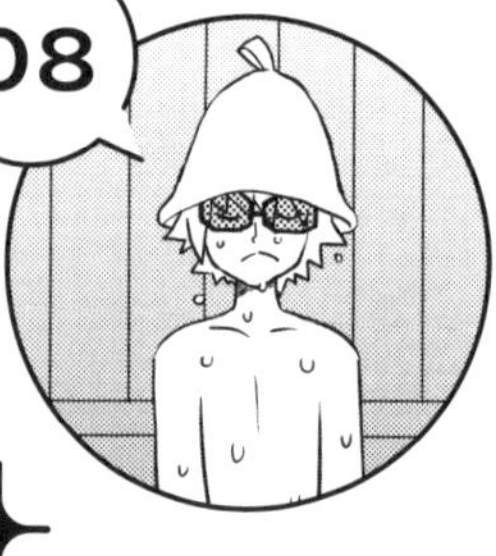

新たな聖地はここだ！ 北陸の天然水は冷たいぞ 「スパ・アルプス」

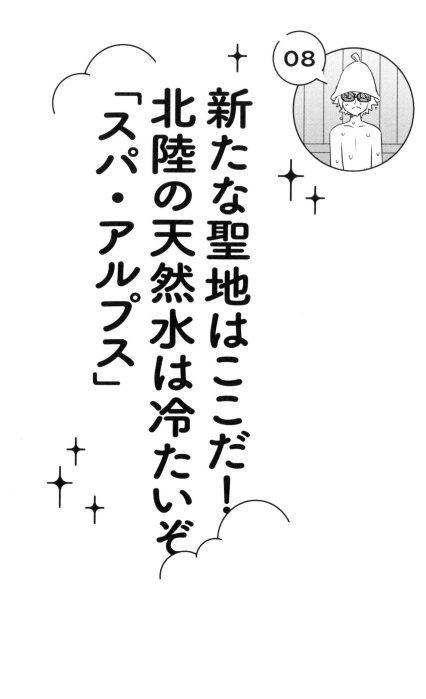

「食・癒・宴」のうたい文句は伊達じゃない！

今いろんなサウナ施設が人人人です。そしてドラマなどでも扱われていた〝聖地〟静岡県の「サウナしきじ」。こちらがドラマに浮かれた若者たちで溢れかえっているとサ友から聞きました。地元の方々は「しばらくはここには来れないねえ」と嘆いていたとか。なんと入場整理券が出ているらしいですね。まあわかりますよ。「しきじ」といえば高温のサウナ室に、なんといっても富士の天然水の水風呂！　滝のように流れ落ちる天然水を頭に受けて、そして水を飲みながら負担ゼロの水風呂に入る快楽は、まるでマジックにかかったかのようです。

さて。そんなふうにして「しきじ」が入れなくなった今、どうすればいいのか。サ友でもあり自らもサウナ施設でアルバイトをしていたサウナ界のスーパーアイドルこと、お笑い芸人マグ万平さんに聞いたところ、なんと北陸に「しきじ」と並ぶくらいの施設がある、と。その名も「スパ・アルプス」。名前からして期待できますよね。そうとなっては居ても立ってもいられない。航空券をゲットして富山へひょひょいとひとっ飛び。1時間で着くんですね。近い。時間的には豊島園の「庭の湯」に行くようなもんですよ。ええ。そして肝心の施設ですが、てっきり新しい施設だと思いこんでいたのですがそこそこ歴史のある佇まい。汚いってことではないです。少し味がある感じ。建物は大きいのですが中身はいたってシンプルです。お湯があって洗い場があってサウナ室があって水風呂がある。ビートルズみたいなもんですかね、例えるなら。必要最低限でも良い音を奏でる的な。ま、ビートルズ、そんなに通ってはないんですけどね自分。サウナのセッティングは高温。しかし湿度にはこだわっているようで数分に一回、サウナストーンに水が放流されます。頻繁！ その度に轟音が響いて座っているベンチがほんのり温かくなるサービス付き。湿度へのこだわりはサウナ室の看板にもあって、結構年季が入った看板にはサウナの蘊蓄とともに「リョウリュウ」というロウリュの別表記もありとても心が和みます。

そして肝心の水風呂!! 広い！ 水温計はないけど体感として15℃くらいでしょうか。ちょうどいい。そしてなにより「しきじ」と同じく頭上から降り注ぐ滝。そして水飲み用に弧を描く水。いざ入ると、いやー。いい。かの有名サウナー濡れ頭巾ちゃんは「水は口で味わうより体で味わうほうがよくわかる」と言っていましたがそのとおり。まるでここで生まれてきたんじゃないだろうかと思えるほどの浸透圧。しかもここは「しきじ」の循環式とは違い完全にかけ流し！ ジャバジャバ使い倒しているんですよ。ディストピアだったら考えられない話です。『怒りのデスロード』だったらマッドマックスがブチ切れるレベルです。そしてなによりまだサウナーたちに見つかっていないから空いている！「ととのった～」、なんて叫ぶやつらもそんなにいない。いることはいる。そして「しきじ」にはないもの、それは外気浴。そう。ここは裏道のようなところを抜けると外気スペースがあるのです。本来は観賞用だけの和風庭園なんですが外気浴のために無茶してととのい椅子を３つ置いてくれています。なので動線も本来はスタッフ用のものなのでなかなかレベルが高くなってますが、アルプスの天然水を浴びた後にアルプスから吹く風に裸体を晒すというのはもはや自然にかえる寸前！　三途の川が見えるよう

な気持ちよさです。

そして！　なにより「スパ・アルプス」が素晴らしいのはお食事なのです。富山は魚介が美味しいでお馴染みですが、サウナ施設内であんなに本格的なお刺身を食べたのは初めてです。まず「今日のおすすめ魚」として壁に手書きで魚のお品書きが載っています。盛り合わせで頼んだら、なんということでしょう。魚の切り方、処理が板前の仕業！　飾り包丁もおしゃれです。わさびもチューブではなくちゃんと生わさびをすりおろしたものなので辛味が柔らかい。味は、絶品！北陸最高！　ローカルフード、「サスの昆布締め」も絶品。焼き鳥もその場で炭で焼いてくれるし、なにこの最高施設。レンタカーで来ていたのでお酒が飲めなかったのが心残りなのですが、これは地酒と合わせたら美味いぞー。

「しきじ」はいわゆる「見つかった」状態なのでめちゃくちゃ混んでいますが、同じようなクオリティでも「見つかっていない」だけでそんなに混んでいないとは、いかに人間は評判や知名度で動くかということを実感しました。世の中の全ての広告、そして広告代理店の戦略がとても重要な理由がわかった北陸の地でした。

そんな「スパ・アルプス」なのですが謎部分もちらほら。休憩室にあるデカイテレビがなんと9台。食堂にあるテレビは大小合わせて5台。ＮＨＫの報道局内のような気持ちにもなれる施設なのでした。

後日談

その後一泊で「スパ・アルプス」を利用させてもらいました。日本酒と刺し身とのマリアージュ最高！　独りでトロトロになるまで飲み食いさせていただきました。相変わらずテレビは多かったですが。

今回のサウナ

『スパ・アルプス』

〒939-8006 富山県富山市山室292-1
076-491-5510
24時間営業（早朝の清掃時間は利用できません）
休 施設に確認してください

私、スーパーアイドルではありません。ただのサウナ好きです。ヒャダインさんも言っていた食堂の職人さん。アウフグースの時間になると厨房を飛び出し、うちわを持ってサウナ室へ。なんと熱波師を兼任することも!!　食材とお客さんに熱を入れていく、まさに二刀流!!

09

教えたいけど教えたくない！山梨の神施設「より道の湯」

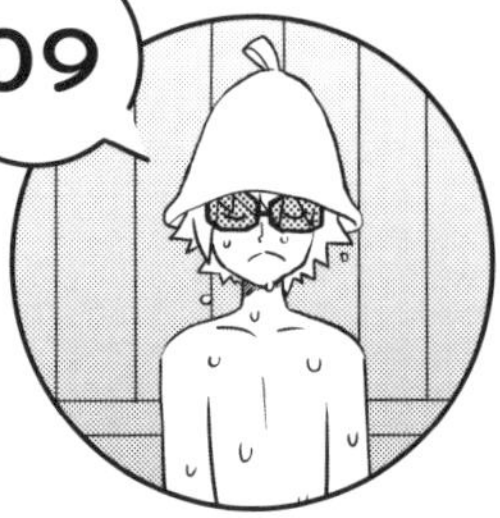

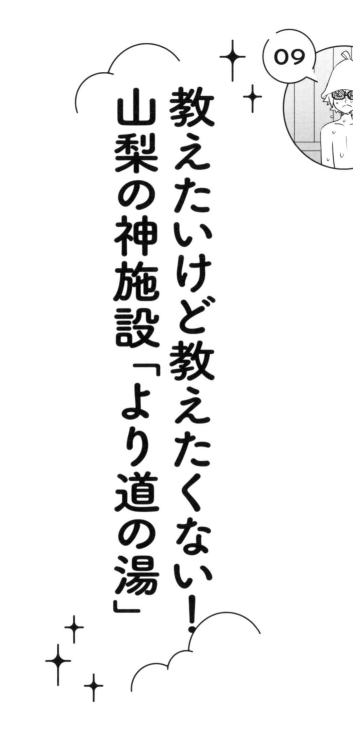

第二の住まい確定⁉　山梨寄り道堕落紀行

友人が車を買ったんですよ。最近の車には付いていることが多いハンドルアシストと車間距離アシストするやつ。高速ではまあ勝手に運転してくれる未来の車ですよね。てことで、ちょっとだけ遠出してサウナに行こうということになりまして、前々から気になっていた山梨県都留市にある「山梨泊まれる温泉より道の湯」に行ってきました。名前、変ですよね。〝寄り道の湯〟ということです。「山梨泊まれる温泉より、道の湯」で区切りたくなっちゃいますよね。都心から中央道で1時間15分ほど。いやー、運転サポート機能まじで便利ですね。もちろんハンドルに手は置いておかなきゃいけないけど、すいすい運転してくれるんだもん。これ、自動運転が法的に許可されたらもっとすごいことになるだろうなあ、近い未来。

で、あっという間に着いた「より道の湯」。２０１８年にできたという新施設です。着いて外に出た瞬間にわかる空気の良さ。サウナに入る前から外気浴でととのっちゃいました。昼間だったということもありお客さんもまばら、とても過ごしやすいです。大変に美しく清潔な施設。ロッカーも広い。いそいそと体を流してサウナ室へと。そこに張り紙がしてありました。「コロナウイルス対策のため、サウナ室は最大18人とさせていただきます」。え？　18人？　制限して18人ってどんな大箱だよ。サウナスーパーアリーナですね。ＳＳＡ。室内、非常に適温適湿。息苦しさも全くなく、だけどほどよく発汗。テレビの音量が若干大きいけど、まあいいですよ。8分くらい経って水風呂へと。水温計はなく、体感16℃くらいか。入った瞬間にわかる水質の良さ。「あああああ」と声が出てしまう。サウナー以外に言ったらサイコ野郎扱いされるのであんまり言いませんが、水質は肌で感じることができるのです。さすが山梨。富士山のお膝元。豊かな天然水は肌に優しく冷たい水なのに、まるで母の羊水にいたあの頃を思い出させてくれます。覚えているわけありませんが。少し長めに水風呂で体を冷やした後、外気スペースへ。露天風呂までのストロークも短く便利です。外気へのドアを開けた瞬間「うおおおおおお」となってしまいました。高めの柵がされているとはいえ、山梨の山々がどどーんと迎えてくれるのです！これは都心では絶対に味わえない感情。香ってくるのは山の土。濡れた葉の香りもただよってきます。大自然や!!　わしは大自然の中におるんや!!　多幸感に包まれながらととのいチェアに。いやはやぐるんぐるん回ります。深呼吸するたびに肺を満たす美しい大気。これでととのわないわけがありましょうか。ふと後ろを見ると、畳スペース発見!!!　露天の畳スペースって最高なんですよ。全裸で露天で畳の上で横になる背徳感たるや。ちょっと変態的ですよね。やはり畳って格式があるから気持ちがキリリとなるのにそこに全裸、さらにはととのったアヘ顔で眠りこけるなんてなんたる罪悪。ゼウスがいたなら堕天レッドカード発動確定ですよ。

ゾンビのようにサウナ↓水風呂↓外気浴を繰り返し、4セットほど終わった時に「あれ？　ここお湯もあるんだ」とお湯の存在に気づきました。しかも炭酸泉がある！　炭酸泉あるある、これから言うよ。「炭酸泉、体温と同じ温度に設定しがちー」。ここもそうで37℃くらいの、体に負担が少ない温度。ずっと入ってられるなー。神施設

だなー。なんて思って素敵な館内着に着替えて施設探訪。もちろんマスクはしてますよ！　もちろん普通の休憩スペースもあるんですが特筆すべきは、緑の広場みたいなところ！　コンセントとＵＳＢポートがいたるところにあるんですが、緑の山みたいになっててかなりノマドワーカー的というか、コワーキングスペース的というか。ああ伝わらない。まあ総じて「仕事ができちゃうよ！」ってことです。そして外に出るドアがあり下駄が置いてあって、それを履いてとことこと行くと一軒家の離れへ。そこにはマッサージ・スパスペースとごろ寝スペースが。一軒家の暖かい雰囲気があり、こりゃたまらん。庭でのんびりすることもできるし、レストランスペースでゆっくりもできるし。なにここ。天国じゃん。都留市の道の駅も野菜安いし、天国だわ。調べたら宿泊もイケイケみたいだし、第二の住まいここにしようかなレベルです。こうやって紹介したけど、有名になってほしくないな！！！

後日談

その後自分も自動運転付き自動車に乗り換えて中央道をスイスイで山梨に通っています。近くの道の駅で野菜を買うのも楽しいですし、何より空気が綺麗！　その後山梨の素敵なサウナを他にもたくさん知ってほくほくです。大好き山梨。

今回のサウナ

『山梨泊まれる温泉より道の湯』

〒402-0056 山梨県都留市つる1-13-31
0554-56-8600
日帰り / 10:00〜23:00（最終受付22:00）
休 施設に確認してください

「より道」、だーいすきです。いつも〝より道〟させて頂くし、企画したツアーでもお世話になってます。サウナ、水風呂はもちろん素晴らしいのですが、ここは腕利きのマッサージさんがいてすごくいいんです。体験コースも手頃な値段なので、マッサージも〝より道〟してみてください。

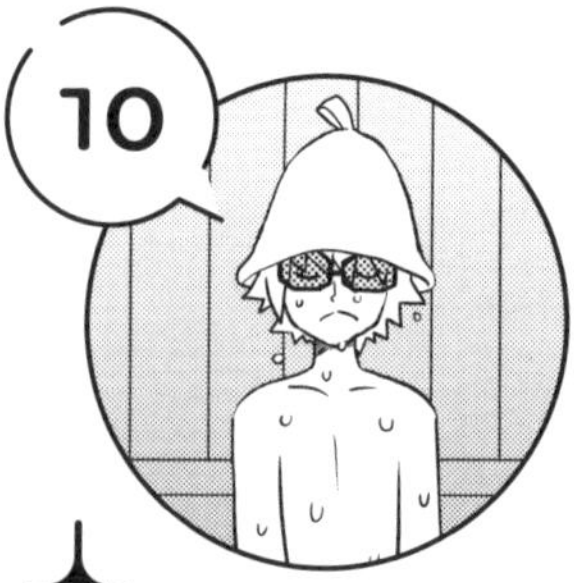

大人の隠れ家とは こういうことどすえ！ 「京都ルーマプラザ」の天国っぷりよ。

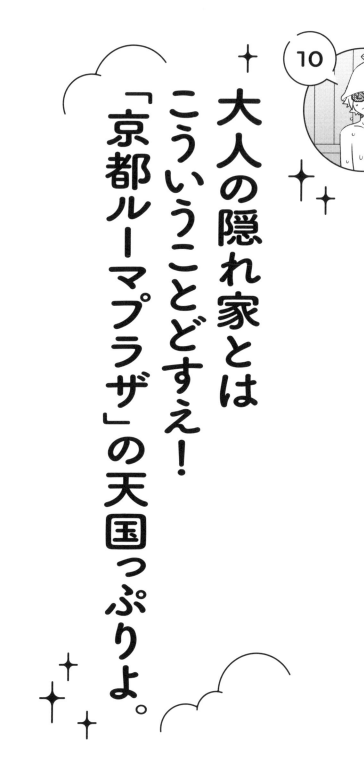

そうだ。はんなりしに、行こう！

とある事情で京都に行くことがあり、これは行くしかない！　ということでキツキツのスケジュールの中で行ってまいりました、「ルーマプラザ」。京都のサウナといえば「ルーマプラザ」と言われる名店なのですが、恥ずかしながら行ったことがないんです。よく勘違いされるのですが私は京都出身ではありません。22年間大阪に住んでいました。毎日1時間45分かけて京都の大学に通っていたのですが、大学のネームバリューのせいで京都出身だと勘違いされやすく。とほほです。

でね。「ルーマプラザ」、GoogleMapに導かれるまま行ったんですが、「え!?　こんな場所!?」ってところだったんです。外国人がわんさとしている祇園のメインストリートのど真ん中に「サウナ」と書かれた看板が。カタカナオンリーで英語で書かれてないもんだから全然外国人が寄り付かないんです。近隣の店舗はもはや外国人オンリーな勢いのパーセンテージなのに。ショバ代えげつないんだろうなあとか思いながら入店。引くほどに外国人がいない。てかおっさんだらけ。

白髪だらけだ。若者がいないんです。ある一定の年齢以下はエントランスで強制帰宅させられてんじゃないかレベル。ヒャダイン(39)は無事入店できて、関西ならではのサウナパンツの無駄使いを体感しながら浴室へと。とてもシンプルな構造です。お湯に水風呂にドライサウナ。全て大きめの設定で京都民の心の余裕を感じますね。濡れ頭巾ちゃん直伝「水通し」(サウナの前に水風呂に入る行為のこと)を終えてサウナ室へ。テレビはあるもののセッティングが最高で心地よく汗をかけます。サウナハットのサ民もいるので信頼を感じます。8分ほど経った後水風呂にドブン。16℃かなー。最高です。深度もあります。京都って何気に水質がいい土地なので水も心地いいです。

そして「ルーマプラザ」の特筆すべきは外気浴スペース! 螺旋階段で1階上に上がらなきゃいけないんですが、ひいこら上がった後にはパラダイス!! テナントの屋上全部を外気浴スペースとして開放しているのでひたすら広い! 広い中にデッキチェアやリクライニングチェアが置かれているので最高です。しかもここは京都。要するに条例によって高い建物が禁じられています。色が付いている看板すら禁じられているので、マクドナルドやローソンですらモノクロになっています。そこまで徹底されている街なので、外気浴スペースである屋上からの景色が広い!!! 高い建物がないってこんなにもストレスがないものなのか、と感じ入りながら冷えた体がやんわりと外気で包み込まれてまあいい感じ。平安京の貴族たちもこういう風にととのっていたのかなあと悠久の感慨にふけったり。そしてこの屋上の素晴らしいところはもう一点。スチーム塩サウナが併設されているんです。普通スチーム塩サウナってただぬるくて飽きっぽいイメージですが、ここはしっかり塩が用意されていて、一人ひとりに塩容器も用意されています。看板のガイド通り汗をかきはじめてから塩を体にポンポンと置いていきます。熱気で溶ける塩を優しく肌に刷り込んでしばらく発汗を待つと、浸透圧を合わせようとする皮膚の効果でどんどん汗が出る！　その後塩と汗をシャワーで流すと体がすべっすべ！　こ

りゃハマっちゃうね。はんなりだね。

　ひと通りととのった後はお待ちかねのレストラン。ここも楽しみにしてたんだよなー。予想以上にメニューが豊富。しかも京都ならではの品揃えです。じゃこと京都出汁の水菜おひたしと、だし巻き卵、そして舞茸の天ぷらをいただきました。もうね。最高。お出汁が優しいの。きつね色なの。しっかりカツオと昆布を感じる出汁に大感動です。これはサウナ飯のレベルじゃない。料亭じゃないか。さすが祇園だぜ。とはいえここはサウナ。みんなおんなじ館内着を着て裸足で飯を食います。ちょうどラグビーの決勝戦をやっていて、ほぼ初めてラグビーを見るのですが、知らないおっさんと美味しい出汁をつつきながら観戦するラグビーは非常に楽しかったです。やはり県民性のせいかはんなりしていて大声を出して応援することはなかったですが。

　改めて思うのですが、この立地、そしてインバウンドの面からしても外国人がいないなんてとても不思議な状況です。カプセルも付いてて安価だし、外国人は温浴施設好きだし、絶対にマークされそうな施設なんですが、まだ発見されていないのはお店側の意思だと思わざるを得ません。インバウンドも良いところもあればそうじゃないとこもあり。地元のおっさんたちでのんびりやっているサウナ施設はもしかしたら今だけかもしれない。私にとっての祇園遊びは芸者でも料亭でもない。「ルーマプラザ」や！　これが新世代の祇園遊びや!!

後日談

その後撮影で京都の「白山湯」にもお邪魔しましたがやはり水がいい！豆腐や湯葉が美味しい理由はそこだったんですねえ。大学時代、それに気づいていればもっと楽しいキャンパスライフだったのに！

今回のサウナ

『京都 祇園のサウナ&カプセルホテル
ルーマプラザ』

〒605-0074 京都府京都市東山区祇園町南側575
サウナ：075-525-0357
カプセルホテル：075-525-0993
24時間営業
休 年中無休

MAG's infomation

「京都ルーマプラザ」の外気浴スペースは観光客が多く集う場所とは思えないほどの静けさで、そこに至る階段はまさに「天国への階段」です。さらに朝食のバイキングの京野菜のおかずや角煮、カレーはほんと絶品!!　角煮カレーにして食べるのがオススメですよ。

11

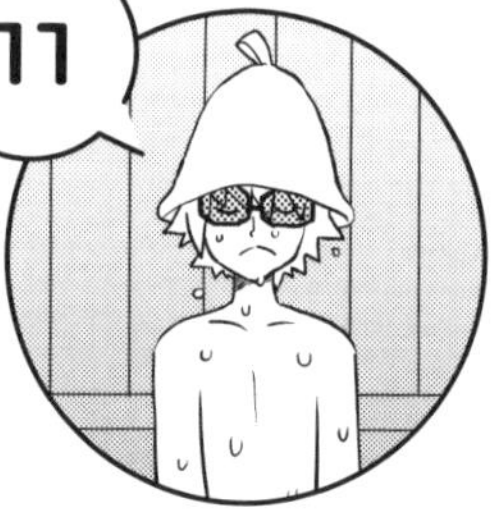

「神戸サウナ＆スパ」で過ごす七夕の夜

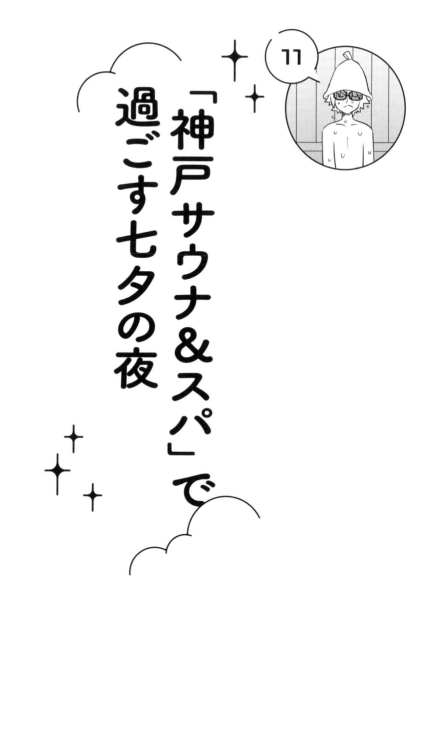

港町で輝く支配人。〝神施設〟ここにあり

お仕事で宝塚歌劇団星組公演の楽曲を提供させてもらったご縁で、宝塚に行ったときのお話。初めての宝塚は本当に素敵で公演も最高で感無量なのですが、やはり兵庫県に来たなら行きたい「神戸サウナ＆スパ」へ。以前一度夜中に行ったんですが、20分おきにロウリュサービスがあって、そのやる気におののいた記憶が忘れられず。しかし地元が関西のくせに三宮と宝塚の位置関係すらわかってないんですね。車で35分！　いみねーー!!

しかしそうやって辿り着いた「神戸サウナ＆スパ」。店内に入ったとたんにもうととのいますよ！　まずフィンランドでサウナ室にいる妖精と呼ばれているトントゥがお出迎え。男性店員はフィンランド国旗のポロシャツを着ている。神施設認定ですね。西日本の地域の特徴であるサウナパンツを着用して浴室へ。その短い距離だけでサウナパンツとサヨナラバイバイ。儚き命よ。布に対する価値観が東と真逆ですね！　まず水風呂をチェック！　室内にはかなり深さのある水風呂、プリントアウトされた表示は17℃。そして露天スペースにある浅めの方はデカデカと「他

の施設は18℃が当たり前！　だけどここは11・7℃!!」みたいなデカい看板が。わー！　意識高い!!　手を浸けてみましたがすでに水質の良さを感じるな。

ワクワクしながらサウナ室に入ろうとすると、「18時から七夕ロウリュ開催！　女性スタッフ3人がうちわであおぎます！」な、なんだってー!!!　織姫が汗まみれの彦星をあおいでくれるのか！　ラッキーすぎるだろ！　とはいえまだ時間がある。テレビがあるドライサウナで頻繁に行われるロウリュ（実際やってることはアウフグース）やセルフロウリュができる閑静なフィンランドサウナを楽しみつつ18時を待つ。ロウリュあるあるだと思うんですが、開始時刻までのオッサンたちのチキンレース！　早く入ればいい席が確保できるけどそれまで熱さに耐えなければならない。直前に入ればロウリュサービスを新鮮に受けられるけど末席確定。ヘタしたら立ち、もしくは入れない。今回七夕ロウリュということもあり、そのせめぎ合いが過去最高！　10分前くらいから堰を切ったように入る入る！　僕は堪え性がないけどそれでも5分前にエントリー。最前席のぬるいところしか残されてませんでした。熾烈、苛烈。もちろん入場者全員にサウナパンツが渡されて女性スタッフへ汚いものを見せない配慮がなされます。するとスーツ姿の男性3人が入ってきて司会を始めます。「拍手でお迎えください!!」と出てきた3人は浴衣を纏った美女3人！　それぞれ自己紹介。フロント、レストラン、タイマッサージからそれぞれ来たとのこと。スーツの、どうやら支配人の陽気なおじさんの小粋な司会のもとロウリュが始まります。３人が掛け声とともにうちわをあおぐのですが、まあ弱い弱い！　かすかに熱風がなでる程度。しかしサウナ室にすし詰めになったオッサンたち、誰も文句など言いません。娘を見るような優しい目で見守ります。ほぼ裸だけどね。汗まみれだけどね。ほどなくして「女性スタッフの体力もありますのでそろそろ終わります」と。浴衣だし訓練もされてないから大変だったろう。惜しみない拍手が送られて退室する３人。しかしサウナ愛が強い支配人。さすがにあの弱い熱風では申し訳ないと思ったのか、「私でよければあお

ぎます！」と！　がっちりスーツ着てるんですよ!?　なんだそれ、と思いつつ見てるとみんな手を挙げてロウリュリクエスト。僕もつられてお願いしましたが、初めてスーツ姿の壮年男性にあおがれました。力強かったです。頭の中では昔のリゲインのＣＭソングが流れてました。

その後、レストランで飯食ってたんですがさすが神戸。サンテレビで阪神戦が大スクリーンで放映です。みんな好きだなー、なんて思ってると「ビールいかがですかー？」と女子の声が！　何事かと思って振り返ると球場のビールの売り子のようにビールサーバーを担いだ女性店員とさっきの支配人の男性が。「まるで甲子園にいるみたいでっしゃろ！」とにこやかな笑顔の支配人。こりゃ頼むしかないでしょ！　と女の子にビール注文したら、それはそれは慣れない手つき。最初の１杯目はグラスの半分が泡！　支配人がもう一度作りますと丁寧に入れ方を女の子に教えるも、さらに緊張してしまったその子は次のグラスで６割泡というミラクルを起こし、支配人が「キ、キッチンで入れてきますね！」とそそくさと。大爆笑でございました。その後、阪神が勝利してビール１杯無料になるなど神施設でした。また行こっと！

後日談

その後『サウナを愛でたい』で再訪したのですが相変わらず神施設でした。支配人のダジャレ炸裂、若い女性社員からも愛されている素敵なおじさまでした。サウナ施設って支配人の人柄や思想がものすごく反映されるんですねえ。私もそうでありたい。

今回のサウナ

『神戸サウナ＆スパ』

〒650-0011 兵庫県神戸市中央区下山手通2丁目2-10
078-322-1126
24時間（清掃タイム10時〜12時）
休 年中無休

MAG's infomation

僕は津村支配人が大好きです。サウナ、水風呂、食事、リラク、接客、どれをとっても一級品なんですが、あの施設のなんとも言えない居心地の良さの源流はきっとこのお方から溢れて館内中に広がっているんだと思います。また会いに行きたいと思える施設。大好きです！

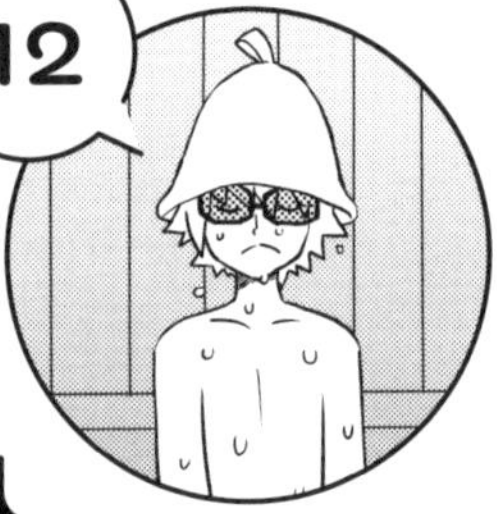

12 秘境！ エクストリームな烈火サウナ、「ベストパワーランド」

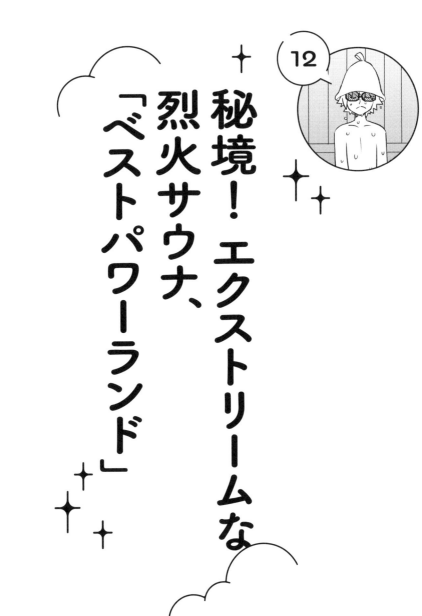

えげつない熱さのえげつない多幸感

ＢＳ朝日『サウナを愛でたい』。ありがたいことに好評放送中です。そのロケで久しぶりに九州へと行きました。ナンバーワンサウナと名高い佐賀「らかんの湯」、そして長崎佐世保「サウナサン」と名施設を巡るという人生のご褒美のようなロケ。両施設とも噂に違わず本当に素晴らしく、体が溶けるかと思いました。その詳細を書こうかと思ったのですが、ここではそんな九州ロケで衝撃的だったサウナ「ベストパワーランド」について書きたいと思います。

長崎県諫早市の山奥にある施設なのですが、なんとスタッフもロケハンなし、下調べもなし。共演者の濡れ頭巾ちゃんが気になっていた、というだけでロケ交渉成功、ぶっつけで飛び込んだわけです。３６０度畑（たぶんじゃがいも）の見渡しのいい高台にドーンとそびえる施設。「御湯神指しベストパワーランド」。この場所をある日神様が指さした、ということで建設したらしいです。ええ。皆さん感じますね、ある種のアレを。テレビドラマ『トリック』のような世界観です。みなまで言うな。エントランスに入ると地方の旅館のような感じ。食堂もあるんですが後期オブ後期高齢者の皆さんが10人くらいお食事されていました。受付で爽やかでたくましい女性が対応してくれます。色々と説明された後浴室へ……。

浴室入り口すぐそばによもぎ蒸しスペースがあり、美容院のパーマ中のように黒いクロスでまとわれて首だけ出た後期高齢者の方が気持ちよさそうにしています。そして脱衣場へ。大変広いスペースを囲うようにロッカーがあり、中央にはたくさんの横になるスペースが。そして煙のような独特な香りがします。一体どういうことなんだろう。先程の女性に「まず体を洗ってください」と促されこじんまりとした浴室で洗体。湯船と水風呂がつながっていて水は28℃くらいでしょうか。体を拭いてローブを着たら「サウナ室」へと。これが衝撃的だったのです……。

別部屋に連れていかれ説明を受けます。目の前にはピザ窯を30倍にしたような、もしくは焼き物を焼くカマドのようなドームが。韓国の汗蒸幕（ハンジュンマク）の中にむき出しの焚き火がある、といったイメージでしょうか。そうなんです。真ん中に大量の薪とメラゾーマ級の火炎が!!　まずでかい麻袋をかぶって中腰になります。前が見えない状態で先程の女性に手を引かれて炎のそばへとダッシュ。立ち上がったら上部にただようススを吸ってしまい蒸せるので中腰でダッシュです。そして火炎のすぐそばに石製の枕と麻の敷物を発見。そこに麻袋に匿われながらうつぶせで寝ます。そこで10分経ったら女性が迎えにきてくれる、とのこと。メラメラと薪が燃える音。遮られた視界。こもる熱気。この異常状態に恐怖がピークに達します。そういえば自分ってば若干の閉所恐怖症だったんだ！　なんかパニックになりかけたので少しだけ麻袋から顔を出すことに。思ったよりススも少なく大丈夫。しかし熱さはやはりえげつなく、顔が燃やされるかのよう。濡れ頭巾ちゃんと声出しで生存確認をしながら蒸されていくとどんどん汗が出てきます。普通のサウナ、というより岩盤浴に近いので足の先からも汗がドバドバと。こりゃ気持ちいい！　しっかり汗をかいたらちょうど10分。女性が迎えにきてくれて出口へと。この頃にはすっかり恐怖もなくなり足取り軽やかに火炎の横をダッシュ。

若干ススがついた体をシャワーで流し、女性のすすめによりあえて水風呂に入らず例のでかい休憩所で横になります。20分休憩したら2セット目へ。次は恐怖もなく余裕で火炎のそばへ。先程よりも発汗が早い！　麻の網目越しに「ああ火炎ってきれいだな」なんてキャンプファイヤー気分で汗をかき余裕の10分。そしてまた休憩したら次はよもぎ蒸しへと。全裸の上にクロスをまとって肛門部だけ穴があいた椅子に着席。椅子の下からよもぎを中心とした薬草に火を入れて、肛門部からスモークを体中にまとわせます。首元をしっかりしめているとはいえ漏れ出るスモーク。女性いわく「たくさん吸い込んでください」とのこと。大丈夫かいな、と思いつつ煙の匂いを楽しみながら約20分。体の芯からジュワ～っとあたたまる感覚です。その後ようやく水風呂に入ってリラックス。体がポカポカとして多幸感が襲ってきます。やはり一度火炎のそばを通り抜けるという「命の危機」を感じたからこそ、ととのいがさらに強まるんじゃないかなあなんて思いながらぼーっとしていました。かなり人を選ぶ施設ではあるんですがエクストリーム系サウナを体験したい方はぜひぜひ！　話の種にもなりますよ!!

後日談

この日のテレビクルーの一人が自衛隊出身だったのですが、彼いわく「催涙ガス訓練の時くらいにつらかった」とのこと。催涙ガスであふれた部屋でガスマスクを外し、さらに吸い込むために大きな声で歌を歌うという過酷な訓練らしいです。それに並ぶサウナって……。

今回のサウナ

『ベストパワーランド御湯神指し』

〒854-1124 長崎県諫早市飯盛町川下釘山234
0957-49-1616
午前10時～午後5時で受付終了
休 毎週木曜日(祝祭日にあたる場合は営業)、年末年始、お盆　※臨時休業の場合あり

揺らぐ炎の間近で「生」を感じ、その後リラックスしてまた「生」を感じる。 ある意味唯一無二の施設かもしれません。キャンプなどで焚き火を見ると落ち着くあの感じが好きな方も面白いかもしれませんね！　焚き火のレベルではないですが（笑）。

13

愛知「サウナイーグル」でみた怪人サウナー

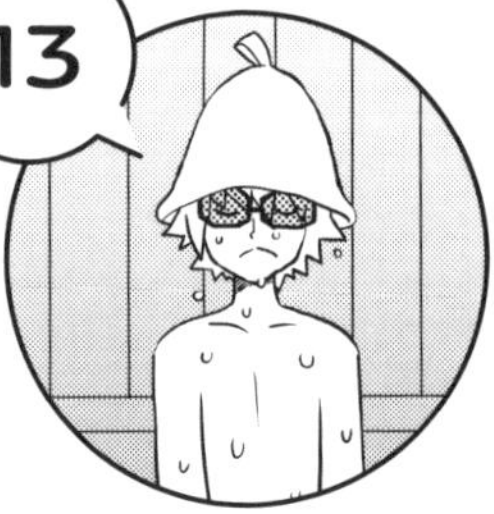

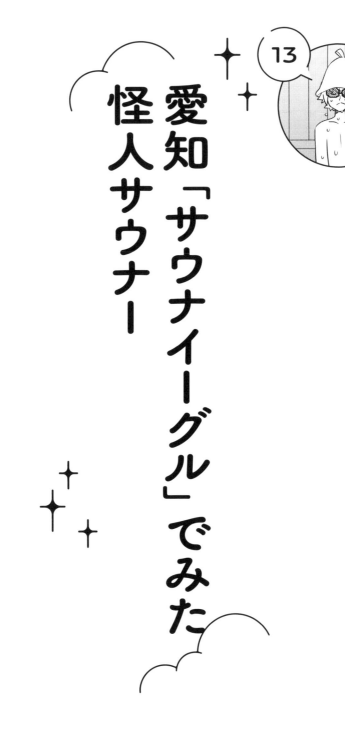

あおげば尊し!! 熱波の向こう側

愛知県知立市にある名店、「サウナイーグル」で一泊したんですよ。個室、といってもカーテンで仕切られている程度のセキュリティですがベッドはふかふかで清潔で、コスパ最高！ 夜遅くまでサウナに入ってレストランでお酒を飲んでそのままベッドへ直行できる喜びったらないですね。こういう毎日が続けばいいのに！ と思っちゃいます。

で、「サウナイーグル」といえば二種類の水風呂が名物です。7℃と16℃の水風呂が隣り合わせ。冷冷交代浴が簡単にできちゃうんですよね。しかも水質が良いから水温がシングルでもそこまで刺すような痛みはないです。まあ30秒が限界ではありますが。そしてサウナ室もいいんですねー。横に広くて高温高湿。ガラス張りになっているので開放感もあります。そしてこの施設の名物が「無限ロウリュ」。ロウリュというかアウフグースサービスなんですが、熱波師さんがお客さんの指定した回数をおかわり無制限であおいでくれるというもので、普通の施設なら3回とかで終わるあおぎが、何十回も体験できるという企業努力そのもののサービスです。

さて。そんな深夜の「サウナイーグル」で俺が遭遇したことをありのままに話すぜ。

まずサウナ1セット目が終わって水風呂に入ろうとするとシングルの方に先客がいたんですね。「お、冷たい中入ってますなあ」なんて同族意識を感じながらお隣を失礼して入ること30秒。自分は耐えられなくて飛び出たんですが、先客、A氏と呼びましょうか。A氏はまだ入っているんですね。すごいなあなんて思いながら室内のととのいチェアで休憩していたらA氏、ずっと7℃の水風呂に入っているんですね。え。どういうこと？ まあサウナで体を温めすぎたのかな、なんて思って俺はサウナ室へ2セット目。しっかり温まって水風呂に行くとまだいる!! 修行僧のようにじっと目をつむり奥の方で瞑想しています。あまりにもありえないからもしかしたら幽霊とか霊魂とかが見えちゃっているのかな俺、と思って、一緒に来ていたマネージャーに「水風呂にずっと人が見えるんだけど、あれ俺だけじゃないよね」と確認したら、マネージャーも気になっていた、とのこと。まあ彼にも霊感があって2人とも見ていた可能性もありますが。そしてサウナ3セット終わってもまだいる!!! かれこれ40分くらいよ？ どうなってんの？ 低体温症で死んじゃうよ!! やっぱり霊だ！ 死んでるんだ!! 早く成仏してよ!!! 南無阿弥陀仏！

そうこうしているとサウナ室でロウリュのお時間。すると石のように動かなかったA氏がすくっと立ち上がりサウナ室へ。生きていた!! やった！ 命って素晴らしい。てか、もしかしてロウリュのためのコンディション調整で水風呂40分入ってたってこと？　よく濡れ頭巾ちゃんが「水通し」という言葉でサウナの前に水風呂に入っていますがそれのエクストリーム版ってこと？　おいおい。で。ロウリュが始まりました。いかにも運動部出身って感じの小柄な青年があおいでくれます。そしてやってきましたおかわりタイム。「これからお客様のおっしゃられる回数をあおがせていただきます」。私は限界きてたので3回、とかお願いしたのですが。A氏「100回お願いします」。え。今なんと？　100て!!　熱さに耐えかねて自分はサウナ室から離脱、水風呂に入り外気浴でととのってたんですが、サウナ室前が

なにやらざわざわしている。ガラス張りになっているサウナ室前になんとギャラリーができているんですね。俺が水風呂外気浴と結構な時間を使ってリラックスしていた間ずっとA氏はあおがれているんです！　どうなってるんだよ‼　熱波師さんも体力の限界があるのでなんと3人態勢。ローテーションを組んで一人が限界きたら次の人が入りあおぐ。限界きた熱波師さんはシングルの水風呂の水を服の上から柄杓でバシャーンと引っ被る、というまるで火事の家に突入する前の人の行動！　バケツで水を引っ被って熱いところに突入するのは死亡フラグだよ！　とか思いながら見守る我々。A氏は背中で受けたり前面で受けたりひたすらあおがれる。その時間約20分！エクストリーム過ぎでしょ！！！！　そしてついに時間制限がきたのでしょうか。ロウリュサービスが終わりA氏が退室。みんななぜか拍手したいような気持ちに。ギャラリーも一体感半端ねえ。

後に「サウナイキタイ」をチェックするとA氏が投稿しており、なんとあおがれた回数1800回！　どうかしてるよ。ギネスだよ。ずいぶんなエクストリームサウナーが出現したんだなあ、と全く憧れのない目で見ていたのですが、「サウナイーグル」の店員さんにその話をすると「おすすめはしておりません……」と小さく。そりゃそうだな‼!　皆さんも自分に合った素敵なサウナライフを‼

後日談

「サウナイーグル」で買った綿と麻でできたサウナハット（GUSSというブランド）なんですが、タグのところに多分作者ですかね「伊垣佑一」というお名前とお電話番号がプリントされておりました。思わず電話して感謝したいくらい素敵なサウナハットです！

今回のサウナ

『サウナイーグル』（男性専用施設）

- 〒472-0024 愛知県知立市宝町塩掻58番地
- 0566-82-2814
- 24時間営業（※AM8:30～AM10:00の間は浴場の清掃）
- 休 年中無休

MAG's infomation

1800回！　多分この方は特殊な訓練を受けている、もしくは熱を感じるセンサーが完全に壊れている、どちらかの気がしますので皆さんは無理せず楽しんでください。そんなにあおがれなくてもサウナは気持ちいいです。

ヒャダインによる

サウナガイド ボディケア編

SAUNA GUIDE (BODYCARE)

なごみの湯

足ツボがイタ気持ちいい！

ボナサウナが好評の駅から徒歩3分の大型温浴施設。女性サウナに力を入れているのもポイントで、多くの若者が利用している。

『荻窪なごみの湯』

- 東京都杉並区上荻1-10-10
- 03-3398-4126
- 10:30~翌9:30（最終受付8:30）
- https://www.nagomino-yu.com/

ジートピア

ペルー女性の笑顔アカスリ

ペルー出身のファナさん。この方に会うために十数年以上通う常連さんもいるほど。確かな技術に加え、その人柄が最高!!

『カプセルホテル＆サウナ ジートピア』

- 千葉県船橋市本町5-18-1
- 047-422-4141
- 24時間営業
- http://www.funabashi-sauna.com/

アスティル

ヘッドスパで昇天

働くビジネスマンを癒すメニューが充実している。「視界スッキリビジネスマンコース」60分8800円、「キングコース」120分15715円。

『オアシスサウナ アスティル』

- 東京都港区新橋3-12-3アスティル新橋ビル 3・4階
- 0120-484-537
- 正午12:00～翌AM10:00（最終受付時間 AM9:00）
- https://www.oasissauna.jp/

ラクーア

骨洗いで顔が一回り小さく！

ボディメンテナンスのデパート!! ボディケア、エステ、ヘッドスパ、骨盤調整……。女性の評価も高く、「体のケアはここ！」という声もあるくらい。

『Spa LaQua』

- 東京都文京区春日1-1-1 東京ドームシティLaQua5～9F（フロント6F）
- 03-3817-4173
- 10:00～20:00の時間短縮営業（最終入館 19:00）
- https://www.laqua.jp/spa/

楽天地スパ

背中流しの常駐ピンクレディー

背中を流されたあとはガラス張りのレストランで一杯やるのがおすすめ。なんとも言えないリラックス感と優越感に浸れる。

『天然温泉 楽天地スパ』
（※男性専用施設）

- 東京都墨田区江東橋4丁目27-14 楽天地ビル9階
- 03-3631-4126
- 24時間営業
- https://rakutenchi-oasis.com/raku_spa/

かるまる

日本人美女らのアカスリ

スタッフの多くが各種ボディケアの技術を習得しているため、自分の体に合った施術師を見つけてお願いすることができる。

『サウナ&ホテルかるまる 池袋』

- 東京都豊島区池袋2丁目7-7 6Fフロント入口（3階〜10階）
- 03-3986-3726
- 浴場利用時間：11:00〜翌9:00
- https://karumaru.jp/ikebukuro/

ゆいる

よもぎ蒸しでじっとりデトックス

テレビも無い静かなサウナ室、水深150cmの水風呂、アウフグースに力を入れている人気施設。熱波師が多数在籍している。

『朝日湯源泉ゆいる』

- 神奈川県川崎市川崎区鋼管通3丁目1-2
- 044-333-4126
- 9:00〜23:00（最終入館 22:00）
- http://asahiyu1010.com/

草加健康センター

アロマリンパがぐいぐい

ボディケア受付のおばさまは明るく元気な受付嬢で、ケア前に気分良く施術に入ることができる。一説にはオープン当初からいるという噂も。

『湯乃泉 草加健康センター』

- 埼玉県草加市北谷2丁目23-23
- 048-941-2619
- 営業時間：10:00〜翌朝8:00　入浴時間：10:00〜1:30 ／ 5:00〜7:30
- http://www.yunoizumi.com/souka/

竹取の湯

ドクターフィッシュで角質さよなら

入り口からは想像もつかない館内の広さに驚く施設。岩盤浴ゾーンも充実していて、家族連れでも賑わっているのが特徴。

『永山健康ランド 竹取の湯』

- 東京都多摩市永山1丁目3-4 ヒューマックスパビリオン永山3F〜5F
- 042-337-1126
- 朝9:00〜翌朝8:30
- http://www.taketorinoyu.com/

テルマー湯

広大なマッサージ室が魚市場

歌舞伎町に現れた絶好のオアシス。ここが歌舞伎町とは思えないほどの広大な館内。しかも清潔感に満ち溢れている。

『新宿天然温泉 テルマー湯』

- 東京都新宿区歌舞伎町1丁目1-2
- 03-5285-1726
- 10:00〜20:00
- https://thermae-yu.jp/

14

サウナ飯ナンバーワンを考える。

痩せるためにサウナに入ってるんじゃないよ

サウナに入った後必ずと言っていいほどご飯を食べます。車で行ってなかったらもちろんお酒も。僕は場内メシ派なので（一方「場外」はサウナ施設の中ではなく周辺施設で飲食することを指します）、館内着を着てダルダルの状態でとろーんと貪り食うのが大好きです。しかもサウナをぶちかました後って腹が減るんですよ‼「サウナでダイエット！」なんて思っている方は大間違いです。サウナスーツでダイエットされる方はいるようですが、サウナではダイエットできません。どのサウナーもサウナで痩せたとは言わないです。そう。腹が減るんです！　3セット終盤、外気浴してバッチバチに幸福物質を脳内からジャバジャバ出すと食欲がわくんですよねー。〝生命力が増す〟、とでも言いましょうか。なのでいつもより多めに食べてしまいます。ちなみにサウナ前は絶対に食べないようにしています。内臓の機能が消化に回っちゃいますからね。ととのいが削がれる。

となると私にとってサウナ施設はサウナ室、水風呂、休憩スペースの他にレストランも評価対象になるわけです。なので今回は今まで食べた「サウナ場内飯」で美味しかったものをいくつかご紹介しようと思います。

まず「**ザ・ベッド&スパ所沢**」の「**武蔵野うどん**」。地元見澤食品のうどんを使ったつけうどんなんですが、うどんのコシが最高。そしてつゆが濃厚な醤油で美味しいんですよ。食べれば食べるほど食欲が増すようなヤバい味。イケナイ薬でも入ってんじゃないかというくらいの中毒性です。

どんどんいきましょう。次は愛知県知立市の「**サウナイーグル**」の「**イーグルコンディションラーメン**」。ご当地のB級グルメで「ベストコンディションラーメン」、略して「ベトコンラーメン」というものがあるらしいんですが、それのイーグルオリジナル・バージョン。大量のもやしとニラがのったラーメンのまわりに大量の揚げにんにく！　醤油ベースなんですが、にんにくの旨味が濃厚で脳みそからドーパミンがどん！　長州力さんの言葉を借りるなら「飛ぶぞ」です。麺も旨味のある玉子麺でパーフェクト。サウナ後に不足した塩分もきっちり取れて嬉しいですねー。「イーグル」はお酒の種類も多いし休憩室からの動線も最高なんで、ついつい食べすぎ飲みすぎになっちゃいますね。

次は「**サウナしきじ**」の「**アジフライ定食**」。混みすぎて、入場規制かかっちゃって、ちょっと行けない最近ではありますが、２年ほど前「あ、しきじのアジフライ定食食べたい」と新幹線に飛び乗ってランチをしにいったことがあるくらいです。ついつい生姜焼きを食べがちですがアジフライも絶品。さすが静岡、漁港の街。魚が美味しいんですよね。都会じゃ考えられないサイズのアジフライはふっくらして美味いのはもちろんですが、注目すべきはライスと味噌汁！　だってしきじの水で炊いているんですよ。美味しくならないわけがない。お米ってこんなに美味しかったんだ、と一粒一粒を噛み締めながら食べます。そして味噌汁！　魚介でダシを取っているので風味が最高。水の美味しさもダイレクトに感じ

られるので、サウナ後の塩分がしゅしゅしゅーっと吸収されて泣き出しそうになるレベルです。

魚介といえば北陸地方。富山県の「**スパ・アルプス**」は外せません。有名ホテルで修行を積んだ本格料理人が、富山名物からスタンダードメニューまで見事な手腕で仕上げてくれます。ここは刺身が最高なんです！　北陸ですもんね。まずい刺身を出すほうが難しいような気もしますがここは特にこだわっている。プロの料理人だから刺身の盛り付けも料亭レベルで思わず写真を撮ってしまう美しさです。そして富山名物の「**さす**」も美味しいんです。「さす」は富山でカジキマグロのことを指すらしいんですが、基本昆布じめで食べるんです。それが昆布と昆布でサンドイッチされているんですよ！　見たことないこんなの。昆布を剥がして食べる人が多いらしいですが私は昆布が好きなのでまんまで食べることに。昆布独特の旨味成分とカジキマグロの芳醇な味が相まってたまらんです。もちろん合わせるのは富山の地酒。サウナ施設で日本酒ってたいてい1種類、2種類あればいいほうですがここはなんと8種類。飲み比べてたら大概酔っ払いますよね。

あと「**北欧**」**のカレー**！　これはマストですね。菅支配人に聞いたところ、カレーへのこだわりが半端なく、最初着任した時のカレーが不味すぎて研究を重ねて作ったというカレー。当初は原価2000円弱になってしまったとか。どうにかこうにか完成させたカレーは具がたくさん入っているけどゴロゴロはしておらず、いい具合に溶けていて旨味が抜群！　ちょっと甘めの味付けもお酒が進みますし、サウナでぽけーっとした体にバチコーンと入ってきてくれます。

新橋**「アスティル」**の**「一人鍋」**、**「マルシンスパ」**の**「笹塚チャーシュー」**、**「ラクーア」**の**「カレーうどん」**、鶯谷**「サウナセンター」**の**「ハムエッグ」**、横浜**「スカイスパ」**の**「チゲ」**、栃木**「ザ・グランドスパ南大門」**の**「焼き肉」**、**「湯乃泉草加健康センター」**の**「キムチ」**、宮城**「汗蒸幕のゆ」**の**「参鶏湯」**……まだまだいっぱいあります！　ここからナンバーワンを決めるなんて……。しかしサウナ飯、という観点で選びました。ヒャダイン的ナンバーワンサウナ飯は、愛知**「サウナイーグル」**の**「イーグルコンディションラーメン」**!!　ありがとうございます！　おめでとうございます!!　これからも色んなサウナ施設で食べまくるぞー!!

後日談

その後もサウナ飯をいろんな施設で食べまくっております。こないだ「草加健康センター」で「カレー唐揚げ」と「唐揚げカレー」を食べました。ええ。並びが違うだけで全く別のものが出てくるんです。カレー味の唐揚げと、唐揚げ付きカレー。日本語って難しいですねー!!

「草加健康センター」のサウナ飯はどれも本当に美味しくて大好きなんですが、実は厨房の反対側に「大樽」というレストランがあって「草加健康センター」の味をお店で食べられるんです！　プロが作るサウナ飯！　どおりで美味いはずだ！

15

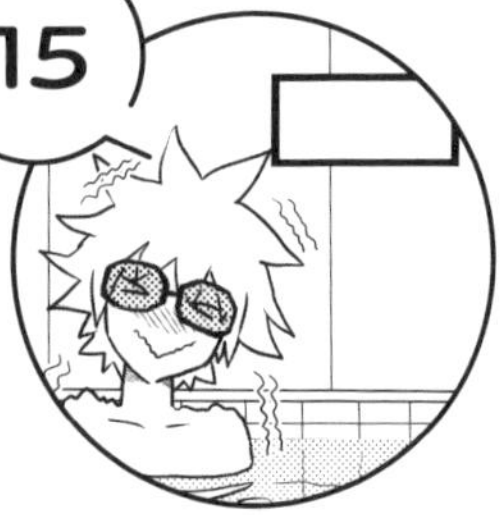

エクストリーム水風呂登場！

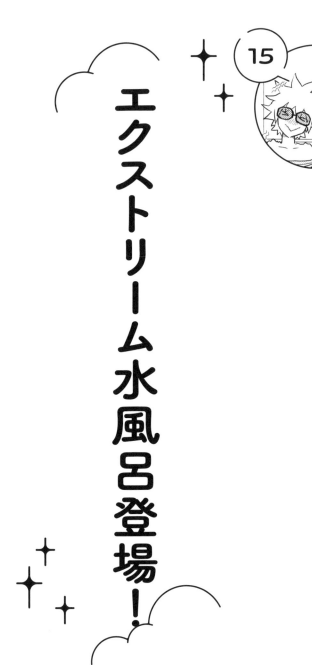

人を殺す水温こそ強めの反動で昇天！

空前のサウナブームにより、正しいサウナの入浴法、すなわち「サウナ→水風呂→外気浴」というセットがあることはずいぶん世の中に浸透してきたと思います。ということで、ここでは「水風呂」に焦点を当てたいと思います。

「水風呂はおっさんたちのドM装置」と思っていた時期もありました。入るのに勇気がいるし、実際心臓部分が「ファ」ってなるし。でも、それもサウナで十分に熱くなった体だと気持ちい！ そしてその後のディープリラックス、最高!! しかしそうなると水風呂の水温が問題となってくるわけです。普通のサウナや銭湯、スポーツジム系だと20℃です。私とサ友の中では「熱湯」と呼びます。私にサウナを伝授してくれた「サウニスト虚弱」さんは「こんな水温じゃYOSHIKIが怒ってライブせずに帰る」とまで憤慨します。20℃だとずっといられちゃうんですよね。なんか水風呂に入っている実感もなくひたすら体を冷やす。当然水風呂から出た後のディープリラックスも軽め。僕もあからさまに憮然としちゃいます。サウナストレスってやつですね。

一方、しっかりサウナ系のところは水風呂にもこだわりがあります。池袋「タイムズ スパ・レスタ」や新橋「アスティル」は16℃。横浜「スカイスパ」は14℃！　これはととのいますねえ。僕個人としてはここくらいの水温がちょうどいいです。少し足が痛くなる程度の水温。そうなんです。水に入ると一番最初に悲鳴をあげるのが足先なんです。しもやけの強烈版と考えていただければその痛みをお伝えできるでしょうか。雪の中、母を探してわらじで歩く幼子は、同じ痛みを抱えていたのだなと思うと涙せずにはいられません。

で、今日の本題はここからです！　そんな水風呂フリークのために最近増え始めたのが「グルシン」な水風呂。これも〝ザ用語〟です。「グルシン」とはシングルのこと、すなわち水温がひと桁のことを指すのです。グルシンの水風呂は強烈で、入るや否や体中がしびれ、足先は壊死！10秒もせずに飛び出て、しばらく「いててて」なんて声が漏れる始末。しかし、その後に訪れるディープリラックスはすごいんですよねえ。いまだかつてないグルグル感でトリップです。やっぱ強いヤツのほうがキマるんだなあ。え？　もちろんサウナの話ですよ！

そんなグルシンを目玉にしたイベントが行われたのが、「綱島源泉湯けむりの庄」。シングル祭りとして水風呂が一定期間8℃に！　サウナーが色めき立って集まりました。僕が行ったときは有名サウナーがたくさん集まっていて、某バンドのメンバー全員にも初めて会いました。初対面がすっぽんぽん、それがサウナーの流儀！　しかし「綱島源泉湯けむりの庄」は複合温泉施設、すなわちサウナーだけのものではないのです。たくさんのおしゃれな温泉に飲食スペースも充実。スポーツジムだってあります。なので「一般客」だっているわけですよ。ゆえに間違ってグルシンの水風呂にドボンして絶叫する人も出てくる始末。僕が見たおじいさん、超キレてた。「なんだよこの水温！　人を殺す気か!!」と店員さんに怒鳴っていました。いやいやまてよ爺さん。ちゃんと看板で注意喚起してるじゃないか。でっかく。それを

見ずに飛び込んだあんたの責任じゃないのかい。と私は思いつつ、言えるわけもなかったので傍観していたら、爺さんが「誰もこんな水温にしてほしいなんて思ってないよ!!」おいおいおい。ジジイ、何言ってくれてんだ、こら。私のメトス社製温度計は100℃を超えました。つかつかとその2人のもとへ歩み寄り、「店員さん、水温最高です!!　これのために来ました!　これからもぜひお願いしますね!!」とニコリ。芸能人スマイルニコリ。まあ、爺さんには認知されていないから、ただのニコリですが。しかし言っているそばから他のサウナーが水風呂に飛び込み「サイコー」と言っているので爺さんは引き下がりましたが。

　このようにグルシン水風呂、綱島のほか、常設でいえば福岡の「ウェルビー福岡」の「強冷水」がおなじみですね。僕が行ったときは5℃でした!　えええ。ほんと死ぬかと思いました。ちょっとエクストリームすぎるよ。「ウェルビー」さんはサウナへの情熱が半端なくて本当に素晴らしいですが、さすがにエクストリーム!　上級者向けです。現地フィンランドでは真冬の凍った湖に飛び込むといいます。同じくらいの水温でしょうね。それを思うたびに私はまだまだアマチュアなのだと唇を噛まずにいられないのです。ああ神様。強い足先をください!!

後日談

その後赤坂「オリエンタル」がリニューアルし、大きい水風呂が誕生。その温度、実に9℃！　しかも滝が流れているので温度の羽衣も崩壊！なかなか気合が入っております。私は従来からある小さい方で楽しんでいますが。あと、前述のサウニスト虚弱さんはシングルのことを「10℃ LOW(ジュードロウ)」と流行らせたいらしいです。

今回のサウナ

『綱島源泉湯けむりの庄』

- 〒222-0001 神奈川県横浜市港北区樽町3-7-61
- 045-545-4126
- 9:00〜22:00（最終入館21:00）
- 休 年中無休

『ウェルビー福岡』

- 〒812-0038 福岡県福岡市博多区祇園町8-12 ロータリー大和ビル2F
- 092-291-1009
- サウナ／6:00〜23:00
- 休 年中無休

以前、極寒の12月にフィンランドに行った際、凍った湖に穴を開けて水に入る「アヴァント」をやったのですが水温が1℃でした。ほぼ氷になる寸前です。でも外気温が−30℃なので水温1℃だと水の方があったかいはず！　と思って入りましたがむちゃくちゃ冷たかったです。死ぬかと思いました。

16

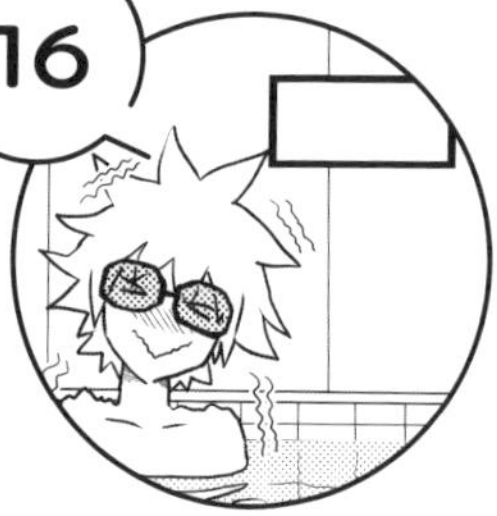

サ界のエレクトリカルパレード、それはロウリュ

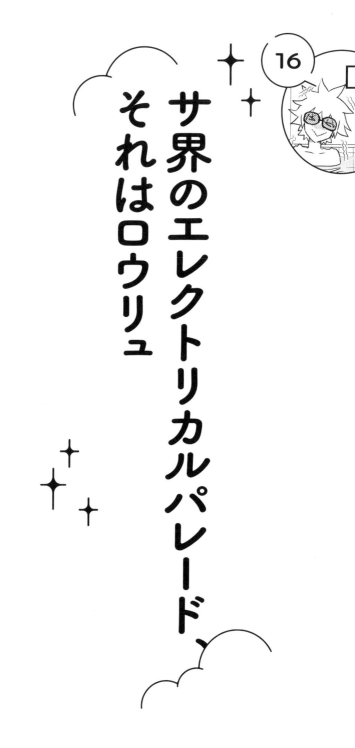

喜びに満ち溢れる熱波を浴びるこの時

今さらですが皆さん、ロウリュって知ってますか？　熱したサウナストーンに水やアロマオイルの入った水をかけて蒸気を発生させることを指します。フィンランド語ですね。それを熱波師と呼ばれる人がタオルであおいで循環させることによって体感温度を上昇させて発汗を促すんです。ちなみにひとくくりにロウリュと呼ばれることも多いですが、一人ひとりをタオルやうちわであおぐサービスはロウリュではなくアウフグースといいます。こちらはドイツ語です。意識高い系のサウナ、「スカイスパ」や「タイムズ スパ・レスタ」などではもっぱらアウフグースと呼称を改めています。いいことですね。

さて、アウフグースサービスは一日に数回しか行われないイベントなんです。休日とか多かったりしますが、大体17時、19時、21時の三回公演でＭＡＸ。ね。エレクトリカルパレードみたいなレア感でしょ。サウナという夢の国に入ったおっさんというゲストたちは、ロウリュの時刻が近づくと明らかにソワソワし始めます。というのも、ロウリュサービスは人気ゆえに混雑するんです。ひどい場合座れずに立ちロウリュなんてことも。しかもそれぞれお気に入りの座り位置があるわけです。自分の席を確保したいんだけど、早めに入るとロウリュが始まる前にのぼせてしまいます。なのでなるべく遅めにサウナ室に入りたい。だけど遅れを取ったら座れない。なので開始時間の前になると、ドアの前でチキンレースのように裸のおっさんたちが互いを牽制しながらウロウロしている。互いにかける無言の圧力がエグいっす！　まさに心理戦。全員敵に見えます。もはや夢の国ではなくて戦場です。やるかやられるか、そんな世界観。こんなに精神を摩耗してまでやりたいことかね、と思いながらも自分もチキンレースに毎度参加します。5分前くらいになると誰か一人が堰を切ったようにドアを開けます。そうなったら雪崩式！　ガンガン入っていってもうすし詰め！

ちなみにロウリュサービス、スペシャルイベントとして著名な熱波師が来店する時があります。こないだたまたま入った新橋「アスティル」で、大森熱狼さんがロウリュをしてくれるということでワクワク！　無事チキンレースもくぐり抜けて体験しました。やはり有名熱波師はエンタメとして完成されていて、苦しまず飽きずに汗をかくことができます。おしゃべりも堪能ですし。アシスタントと二人で行うのですが、最後に熱波サンドイッチで真ん中に一人ずつ呼び出されて両側からあおがれる！　これは最高！　王様になった気分だ！　途中クールダウンとして顔に冷気スプレーをかけてくれたりとサービス満点。

他にも色んなスペシャルロウリュがあって、北海道は「ニコーリフレ」で体験したのが「なでしこロウリュ」。そう。女子の熱波師があおいでくれるのです！　おぃおい風営法的に大丈夫なのか、と。大丈夫です。なぜならゲスト全員サウナパンツの着用が義務！　エロ目的にはならないのです。僕が体験したのがレアで、二人組だったのですが、先輩が「本日、こちらの○○ちゃん、初ロウリュとなります！　温かく見守ってあげてください！」と、お初に遭遇！　少しやましい気持ちになったけど、それは仕方ないでしょ‼　「ニコーリフレ」はロウ

リュの際に全員にデカ目の氷を配ります。それを口に含み溶かしながらロウリュサービスを受けるわけですが、やはり新米熱波なでしこ。手つきもおぼつかないわけですよ。だがそれがいい！　なぜかみんな保護者のような優しい目つきになり頑張るなでしこを見守る。裸で汗をかきながらね。なんだこの状況。みんな仕事しろよ。

　そんな楽しいロウリュ、パレードとしての機能があることをわかっていただけたと思いますが、場所によってはやり過ぎサービスのところもあり、僕はそれをエクストリームロウリュと呼んでいるのですが、過激さを求めるあまりにサウナストーンに水をかけすぎてそれにより灼熱地獄になり乳首がポロリと落ちそうになる！　人の乳首に何してくれとんじゃい。サウナ室から逃げるように飛び出て肌を見ると軽い熱傷になってる。火傷じゃん!!　本気でケガ人が出る可能性がある。それが社会問題になってロウリュ全体が悪、みたいになるのがヤだから、手加減してね熱波師さん！

後日談

執筆以降、どれほどたくさんアウフグースを受けたでしょう。中でも印象に残っているのは「相模健康センター」（現在は閉館）での「ロウリュ姉妹」による熱波サービス。枯葉とか飛ばす用のブロワーを二丁拳銃のように構えて二人でボワワワーと風を送ってくれます。エクストリームすぎて記憶がやばいレベル！

今回の熱波師

大森《おおもり》熱狼《あつろう》

熱波師。2017、2018年熱波甲子園ソロ部門連覇。プロ熱波師として関東屈指の腕を持つ。体格を活かした立ち熱波、肩こり解消熱波などを開発。

最近はどこもアウフグースも大人気で満室で入れない！　なんてこともしばしば。でもご安心ください、アウフグースに間に合わなかった人に朗報です。それはアウフグース終わりのサウナ室。湿度たっぷりのみんなが出て行った自分だけの静寂サウナ。最近はそれを狙って入ってます（笑）。

17

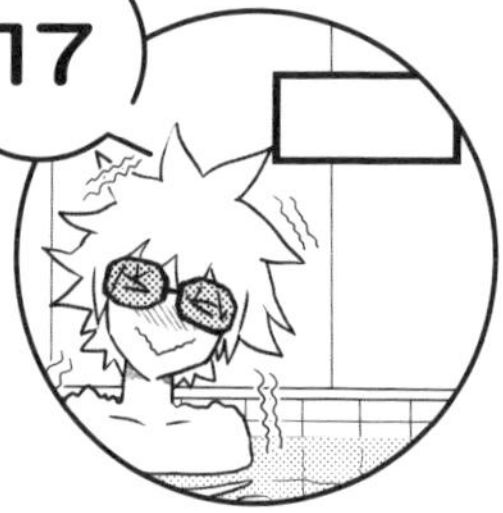

香港のサウナは常識ブレイカーでした……

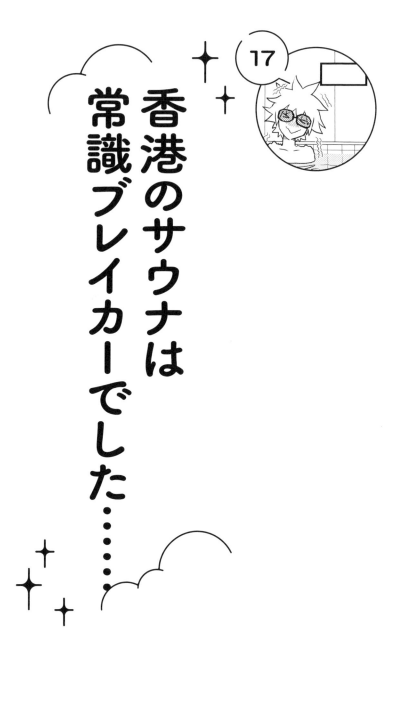

地元民パワー炸裂!!　色々振り幅凄いね

　ども。年末年始（２０１８年末～２０１９年）、南アフリカへと旅行してきたんです。合計９日間。出発の２日前に一緒に行くはずだった後輩から「行きたくない」とまさかのブッチをされ、図らずも一人旅になったのですが、結果として一人旅ゆえに自由気ままで非常に楽しかったです。沢山の人に出会ったし、色んなものを見てきました。

　さて。南アへ行くに際して乗り換えで香港に行かねばならなかったんですよ。さすが世界のハブ空港。で、せっかくだから香港にも二泊してマカオ込みで楽しんでやろうと。となるとやっぱりサウナですよねー!!　ホクホクと「香港　サウナ」で検索。出るわ出るわ！　もいっちょ「マカオ　サウナ」で検索！　おお。おおお。これは……。エロばかりやないかい。サウナはあるんだけど定期的にクラブミュージックが大音量で流れて、番号を付けたお姉ちゃんたちが歩いてきて番号指名したらムフフなサウナやないかい。バカヤロー！　サウナは神が宿るという神聖な場所。ムフフは大好きだけど「サウナ」ってかたるんじゃねえ!!　カジノで勝ったら行ってやるけどよ!!（↑カジノ、スロットで負けました。）

「WINDSOR SPA」というでっかい施設。駅に着いたらネオンでバッキバキになっててすぐ場所がわかりました。入るとお姉さんがカウンターにいてコースを選択。私はサウナとマッサージ90分コースを選択しました。確か650香港ドル。1万円くらいかな。まあマッサージ込みだとしたらそんなもんだろう、と納得して入店。すると50代くらいの小男が中国訛りの英語で色々指示してくる。「ここで服を脱げ」「携帯はこのナイロンバッグに入れろ」「こっちに来い」など。言われるがまま進むと大浴場へ。まずシャワーを浴びろ、ということで全身を洗う。終わったら小男に報告。二人がかりで甲斐甲斐しくバスローブを着せてもらってゴージャスな休憩室へ。ドリンク飲み放題なんだけど「水頂戴」と慎ましくなってしまう私。どれくらい待つかもわからず水をちびちび飲んでたら痩せた中年女性が個室へと。BGMも全くない部屋を薄暗くしてパンツ一枚で施術スタート。これはセクシーありなのか!? と恐れながら受けてたけど、まあ腕が良い。痛いんだけど効いている感じ。痛気持ちいいの連続で夢と現実の間をうつらうつら。あっちゅうまに90分終了。終わったら女性と休憩室へ戻るんだけど何故かボディータッチ多めになる。何!? 裏オプあるの!? 言葉の壁にモヤモヤしつつ大浴場へと。

さあここからが本番だ！ 煩悩バイバイ！ そう！ サウナ!! マッサージで軽くなった体で

サウナ室に飛び込む。……。衝撃!! なんとサウナ室の内部に水風呂があるではないか!! サウナ室は室温管理のためにお客さんの汗絞りすら禁じるほど水分にはデリケートな空間。なのにそこに水風呂が!! ま、まあどうせサウナ室内にあるくらいだからヌルいんだろうと手で確かめると……。もはや氷!! 水温計は7・9℃を表示してます。香港人エグっ!! 意識高すぎじゃねえか。一応説明すると、日本での大体の水温は18℃。10℃を下回るとシングル、と呼ばれてイベントになるくらい大変なことなのです。こりゃあ良いチラー使ってんだろうなあ。さすが中国マネー。アリババとかも出資してんのかなー、とか薄い知識でと

りあえず水風呂に謝謝。しかも深いんですよ！　なにこのホスピタリティ。4000年の歴史パねえわ。

　サウナ自体は高温低湿。汗はかきにくいので長時間座っていると地元民だらけに。大声で何言ってるかわからないし、排水口にタンは吐くし、正直居心地はよくなかった。でも水風呂のため！　しっかり汗をかいたらそのまま水風呂にドボン。つ、つめたい！！！！　10秒くらいで逃げるように脱出。その様子が滑稽だったらしく現地人に少し冷やかされました。急いでととのい椅子へ。ああ。ととのう。ととのいは万国共通だな。そう思って深呼吸していると、もろタバコの匂いが。てか、煙がおもっくそ鼻に入ってきた。何事だよ！　と目を開けると浴室で風呂の角に座りながらおっさんがタバコをスパスパ。えーー。喫煙ＯＫ!?　見回すとタバコは吸うし、電話はしてるし。常識が音を立てて崩れていきましたよ！　あとドリンク飲み放題なんだけど、基本置いているのが甘くした漢方茶。菊花茶や夏枯草茶などひと通り飲んだけど全部バラエティの罰ゲーム並みのお味！　自分はそういった健康茶大好きなんでガンガンおかわりしましたが。あと精気のない果物や調理済みの何かがありましたがそこはスルーしました。

　そんなこんなで衝撃の香港サウナ体験。次回はもっと慣れたフリして華麗なムーブをかましてやろうと思います！

後日談

その後、海外旅行のたびにサウナに行っているのですが、ハワイで行ったサウナは正直残念でした！　常夏ハワイで体を温める必要がない、ってことですかねえ。水風呂もぬるかったんだよなあ。

今回のサウナ

『温莎水療 Windsor Spa 炮台山店』

250 King's Road,Fortress Hill,
Hong Kong2-3/F, Fortress Tower,
(+852) 3698 000（香港）

海外のサウナ行ってみたいですね〜。ちなみに国際サウナスパ会議というものがあり、各国のサウナ事情を発表したり意見交換する場があるのですが、どうやら中国が盛り上がってるそうです。全世界のサウナを体験できる巨大施設？　なんて噂も！　さすが中国！

ヒャダインによる

サウナガイド

SAUNA GUIDE (HOTEL)

ホテル系施設編

ホテルマウント富士

富士山が目の前ドカン！

山中湖と富士山を同時に眺められる絶景は、他では絶対に得られないもの。富士天然水掛け流しの冷えた水風呂も最強。

『ホテルマウント富士』

- 山梨県南都留郡山中湖村山中1360-83
- 0555-62-2111
- 宿泊者 6:00〜10:00／12:00〜22:00　日帰り利用 12:00〜16:00（毎週水曜日は14:00〜16:00）
- https://www.mtfuji-hotel.com/

オリエンタル神戸

真夜中でもシングル水風呂

ホテルでありながらサウナに力を入れているグループ。札幌の他、上野、赤坂など「オリエンタル」の名で展開している。

『サウナリゾートオリエンタル神戸（センチュリオンホテル ヴィンテージ神戸）』

- 兵庫県神戸市中央区港島1丁目1-6
- 078-335-7801
- 24時間営業
- https://www.centurion-hotel.com/v-kobe/

アートホテル旭川

質実剛健、地元民も大好き

サウナ室も広く、ミストサウナ、足水、クナイプシャワー、ジムも併設した充実感がすごい。そのためホテルから出られない（喜）！

『スパ アルパ（アートホテル旭川）』

- 北海道旭川市7条通6丁目 アートホテル旭川地下1階
- 0166-25-8822
- 11時00分〜0時00分
- http://www.art-asahikawa.com/spa/

ホテル日航札幌

22階の夜景が素敵です

札幌を見渡せる眺望が素晴らしい。日帰り入浴可能。設備、接客が素晴らしいホスピタリティは、さすがの日航クオリティ。

『JRタワーホテル日航札幌』

- 北海道札幌市中央区北5条西2丁目5番地
- 011-251-2222
- ホテルに準ずる
- https://www.jrhotels.co.jp/tower/

オリエンタル赤坂

水風呂2つ、でかい方が冷たすぎ!

高温なサウナとキレッキレの水風呂２種は、忙しく時間の無い男たちにとっては「話が早い」と評判で、非常に重宝されている施設。

『サウナ・リゾートオリエンタル（センチュリオンホテルグランド赤坂）』

- 東京都港区赤坂3丁目19-3 センチュリオンホテルグランド赤坂 2F
- 03-6435-5381
- 営業時間　24時間営業
- https://www.centurion-hotel.com/sauna-oriental/#sauna-oriental

らかんの湯

ご飯も美味い、朝風呂は男女交代

元DJオーナーが仕掛けるアートサウナのトップランナー。数々の常識を覆してきた取り組みや視点は感服するしかない。

『御船山楽園ホテル らかんの湯』

- 佐賀県武雄市武雄町武雄4100
- 0954-23-3131
- 施設に準ずる
- http://www.mifuneyama.co.jp/

北海道ホテル

いつか行ってみたい、客室内サウナ

今大注目のホテル。サウナ室のクオリティも伏流水を使った天然水風呂も外気浴も、約10歩ほどで回れるコンパクト動線。

『森のスパリゾート 北海道ホテル』

- 北海道帯広市西7条南19-1
- 0155-21-0001
- 5時30分～9時30分、14時～21時（日帰り入浴）
- https://www.hokkaidohotel.co.jp/

ドーミーイン京都

宿泊者のみの落ち着いたサウナ

アチアチサウナとキレキレ水風呂の抜群なハーモニー。部屋のTVから浴場の混雑状況がリアルタイムで見られるという革命。

『天然温泉 花蛍の湯 ドーミーインPREMIUM京都駅前』

- 京都府京都市下京区東塩小路町558-8
- 075-371-5489
- ホテルに準ずる
- https://www.hotespa.net/hotels/kyoto/

ヒルトン名古屋

休憩室が貴族気分。優雅サウナ。

ジム、プール併設の皆が憧れるヒルトンサウナ。サウナ室も92℃でしっかり熱め、すぐ隣の水風呂はほどよい水温で◎!!

『ヒルトン名古屋 フィットネスセンター』

- 愛知県名古屋市中区栄1-3-3
- 052-212-1111
- 6:00～22:00（最終受付:21:30）
- https://nagoya.hiltonjapan.co.jp/facilities/

舞浜ユーラシア

朝食のフレンチトースト美味しい

ブームの前から、フィンランドでも貴重なケロ（欧州赤松）の木材を使った「ケロサウナ」を有する、サウナ好きから愛される施設。

『スパ&ホテル 舞浜ユーラシア』

- 千葉県浦安市千鳥13-20
- 047-351-4126
- AM11:00～AM 9:00　※最終受付 AM 8:00（AM 2:00～AM 5:00は入浴不可）
- http://www.my-spa.jp/index.html

18

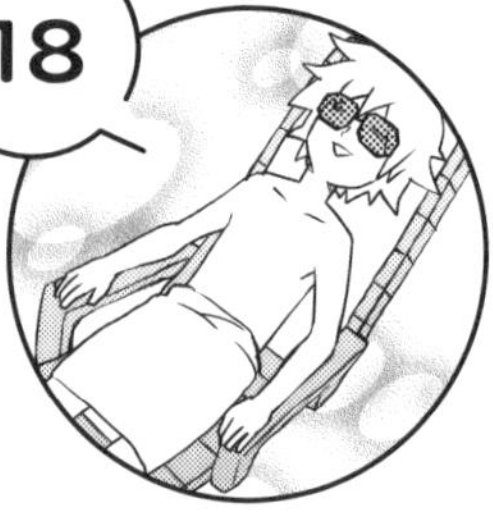

リーマンの野戦病院
新橋に君臨する
ハイスペックサウナ。
「アスティル」

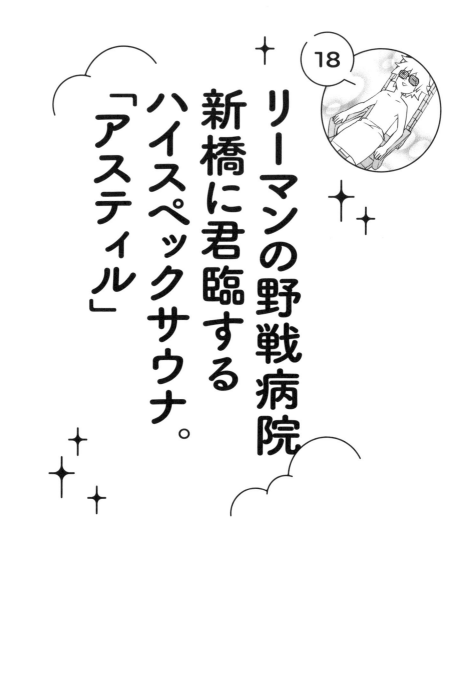

八百万の神がいる都会の戦場はここ

これは私がサウナにはまって浅いころに書いた第一回目のエッセイです。初々しさをお楽しみいただければ。

新橋「アスティル」。日テレのお膝元にある都心の雄。新橋の繁華街のど真ん中にある男性専用サウナなのですが、ここが全てのポイントで高得点を叩き出すんですよねー。まず立地。駅から近い。こりゃいい。そして清潔感。サウナ、特に銭湯系は水カビだったり匂いだったりで不潔感があるところも多いですが、ここ「アスティル」はとにかくキレイ！　館内着もガウンタイプと服タイプの2つを選べる充実ぶりです。

で、肝心のサウナ室なのですが、サウナを敬遠する人たちを苦しめる息苦しさが全くないです。その理由は湿度なんですよね。キツイところってひたすら熱くてカラッカラなんですよ。そりゃ息苦しくもなるわ。「アスティル」はそこまで高温ではないのですが湿度が最高。その理由が15分に1回ある「ウォーターセレモニー」。これは説明しますと、いきなり室内が真っ暗になってサウナ室中央にあるサウナストーンだけがスポットライトで照らされます。そして熱されたサウナストーンに光につつまれた一筋の水が!!! ジュワーーーと蒸気が発生。体感温度も上昇、室内湿度も上昇、息苦しくなく汗が出るんですよねー。おもわず石に手を合わせるサウナーです。八百万の神はサウナにもいるってことですね。神教の原点。

そして肝心の水風呂です。一時期「アスティル」は水風呂スランプに陥っていたことがあって、20℃というもはや温泉レベルの水温だったのですが、今はダブルチラーを導入したこともあり16℃まわりをキープ! 水深の浅さは気になるところではありますが、カツンと冷えるポテンシャルはなかなかのもの。サウナ室の真横にあるという動線も最高です。ととのいまでのモーションが最短距離になるよう設計されているわけです。

そのととのいをお迎えするには適切な休憩場所が必要です。いわゆる外気浴なのですが、残念ながら「アスティル」には露天スペースがないので外気には触れ合うことができないのです。しかし、それに代わって余りある極上休憩スペースがあるのです。その名もテルマベッド!!! 水風呂の横に2台設置されている石で作られたベッドなのですが、腰の部分がかなりくぼんでいて逆に足が少し上がる設計で、水風呂上がりにそこに体を預けると、「あらいいですね」の波が押し寄せます。気持ち悪いくらいに全てのもの、森羅万象に感謝を始めます。新橋のキャッチのお兄さんにも、ゴミゴミした町並みにも、道路に落ちているツバにすら感謝を始める始末。嗚呼。サラリーマンの聖地・新橋にこんな快楽施設があっただなんて。しかしですよ！　時々ベッドを独占してるおっさんがいる。気持ちはわかるけど！　バチあたれ!!　お腹壊せ!!　さっきまでの仏のようなメンタルとは真逆ですね。勝手なものです。

そしてサウナのお楽しみはやはりビール。御食事処も大切ですね。ここは飯もちゃんとしていて、基本おひとりさま想定なので、キムチ鍋も湯豆腐も全部一人前。館内着で

ダラダラした状態で一人で食べる鍋は最高だぜ。誰も横の人の顔なんか見ないので芸能人だろうがお構いなしです。嗚呼幸せ。ビール以外にもフローズンレモンサワーがありまして、でかいジョッキに5個くらいの凍ったレモンがぶちこまれていて、焼酎をおかわりしたら大体3杯から4杯飲めちゃうというコスパ最強ドリンクもあります。

そんな「アスティル」。場所柄もあって終電を逃したサラリーマンたちの始発待ちの施設ともなるんですよね。しかしいわゆるリラックスチェアの数にも限りがあります。新橋のリーマンの数はえぐい。てことで終電近くになるとフロアにヨガマットのような青いマットが無数に並べられます。低反発でもなんでもないマット。自動販売機の前、階段の横、足の踏み場もないくらいに並べられて、そこに酔っ払ったリーマンが爆睡するわけです。ほんと隙間がないのでロッカーに戻るのがひと苦労！ その光景が何かに似ているなーと思ったら、そう。映画で見た野戦病院。突然の爆撃で大量に負傷した兵士たちがうめきながら雑多に並べられているあの感じ。「うーんうーん」といびきをかいている様子もまさに負傷兵。岩崎宏美さんも歌の中で「この都会は戦場だから」と歌ってましたね。あれは新橋のことだったんだね。宏美はナイチンゲールだったわけです。やっと歌の意味がわかったよ。聖母の気持ちでリーマンをすりぬけてロッカーに向かうのもいいものです。新橋「アスティル」。ぜひ一度お試しを！

後日談

アスティルは17時からハッピーアワーで安くなる、ということもあり、行列ができるのですが、私もしとーっと並んでいたら2人先になんと濡れ頭巾ちゃんが。「偶然偶然」なんて言いながらサウナ室へ入ったのですがもちろん群れることなくしゃべることもなく。少し会釈するくらいでちょうどいい。サ友っていいですねえ。

今回のサウナ

『オアシスサウナ アスティル』
（男性専用施設）

〒105-0004 東京都港区新橋3-12-3アスティル新橋ビル 3・4階
0120-484-537
正午12:00～翌AM10:00（最終受付時間 AM9:00）
休 年中無休

国宝テルマベッド。椅子の中にお湯が流れていてタイルがほどよく温かくてずっと座っていられるんです。テルマベッドで寝転びたい女性に朗報です。「スカイスパ横浜」の女性浴室や、「伊豆清流荘」にもあるのですぐ寝転びに！

19

怪奇！「庭の湯」で見た亡霊！

水風呂がないのも経営者の計算？

池袋「タイムズ スパ・レスタ」でのサウナイベントに参加した際に、フィンランド大使館の方やサウニスト集団SOTの皆さまとサウナ談義に花を咲かせました。それはさておき。最近暑いですね。これから夏本番、ということで今回はサウナで体験した怪談をひとつ。

としまえん横にある「庭の湯」に行ったんです。「庭の湯」はサウナへの意識が非常に高い施設で都内で唯一と言ってもいい「男女兼用」のサウナがあるんです。これは海外では結構あるケースなのですが日本では非常に稀なのです。〝庭の湯〟、というくらいですから立派な日本庭園があるんです。そこの傍らにサウナ小屋が建っていて男女ともに水着を着てそこに歩いていくんです。セッティングも素晴らしく、中温中湿、木のぬくもりが感じられる室内はテレビもなく本当にフィンランドに来た気分です。行ったことないですけどね。

そんな「庭の湯」、僕はとしまえんの休館日にお邪魔したのでお客さんは比較的少なめ。エントランスで水着をレンタルしてウキウキとサウナ室へと行くとなんと貸切状態！　サウナ室って貸切状態になるとテンションが5倍くらいに跳ね上がります。まるで覇者になった気分です。せっかく貸し切りだしなー、と思って最上段に登って横になることにしたのです。貸し切りだとそういう無礼をしても許されるんです。

ついさっきまでアウフグースのサービスをやっていたおかげでラベンダーの香りがまだ漂っていて、さながら天国です。そこの最上段で優雅に横になって目を閉じていること約5分。おばさんたちが入ってきたんですよ。「あらー、やっぱりサウナは熱いわねえ」「でもラベンダーの香りがしていいわねえ」「ほんとたまにはいいわー」なんておしゃべりしながら一番下の段に座るおばさんたち。「ちょっと横になりましょうか」なんて言って彼女たちも自由にふるまい始めました。私がいることも気がついていない模様。「あー、男女兼用でも自由でいいなあ。サウナ最高!」と私もほのぼのと寝ていたんですね。

そこから5分くらい経ち、すっかり汗まみれになった私。お先に失礼しますよー、とひな壇をトントントンと降りていって出口に向かって行ったとき、全身の毛が逆立ちました。「……えっ⁉」と。

おばさん、一人だったんです……。

き、きゃーーーー。

途中で誰か出ていった形跡もなかったし、すなわち最初からおばさんは一人だったんですね。なかなかの音量でずっと独り言を言っていたわけですか。もしくは私には見えない誰かとサウナに入っていたのかもしれない。ジェミニのサガのように自分自身の中にいる誰かと対話していたのかもしれない。

せっかく温まった体がぞーーっと冷えてサウナ室から出ると、「庭の湯」名物、日本庭園。ここが本当に素敵で本格的な日本庭園をほぼ裸、水着一枚で散歩できるんですよ。これがもはや変態の気分。だって日本庭園を裸で歩くってあります？　あー、変質者ってこんな感じなんだなあとしみじ

みしながら歩くとこじんまりとした池が。「ごくり……」そう。この男女兼用サウナ、水風呂が付いてないんですよね。それが悔しい！　せっかく汗かいたのに急速に冷やせない。そんな中、池ですよ。ついつい「飛び込んでしまおうか」というイケない欲求にかられてしまいます。もちろんそれは違法行為。自制心が抑えてくれるのですがそのくらい魅力的な池でした。

「庭の湯」はサウナ施設として他にも異質で、結構デカめなプールが付いているんです。これはもちろん水着着用で男女ともに楽しめるプールです。まあ、入らないんですけどね。だってカップルがいっちゃいちゃしてるんですよ！　なんなんだよお前ら！　うらやましいじゃねえか。クソが！　そういうネガティブな感情をいっぱいにしてサウナ室へと向かうとデトックスの落差が激しく、よりよくととのうことができるので、もしかしたらこのプールストレスも経営者が計算したものなのかもしれませんね。他にも男女別になっているサウナも広くて桶シャワーもありますし、露天スペースも充実してますしかなり楽しめます。としまえん、としまだけど練馬区。ぜひ遊びに行ってください。

後日談

そんなとしまえん、閉園（※）しちゃいましたね。だけども「庭の湯」は元気に営業中です。としまえん帰りのお客さんがいないから営業は厳しいかもしれないけど持ち前のサウナ力で頑張ってほしい！　切に願う！　※2020年8月31日閉園

今回のサウナ

『豊島園 庭の湯』

〒176-8531 東京都練馬区向山3-25-1
03-3990-4126
10:00〜20:00（最終受付 19:00）
休 なし（メンテナンス実施日のみ臨時休業）

自然に触れ合う外気浴スペースが少ない都会のサウナとしては、ここの外気浴はすごく貴重です。特に冬の寒い時期の冷えた水シャワーと庭園散歩。冷えてきたら 温水プールで浮かぶ。楽しみ方無限大！　浴場サウナもなかなか素晴らしいです。

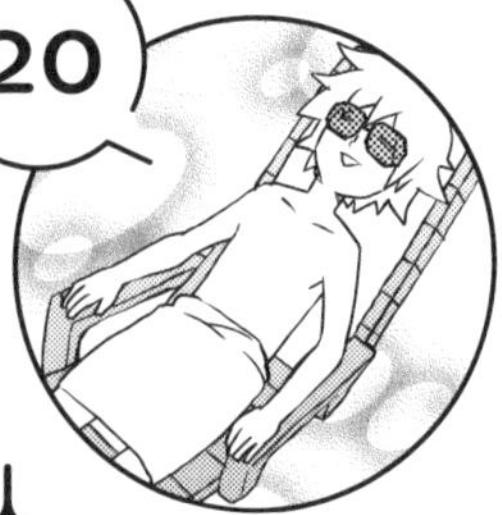

20 進化が止まらない「サウナ錦糸町・サウナガーデン」

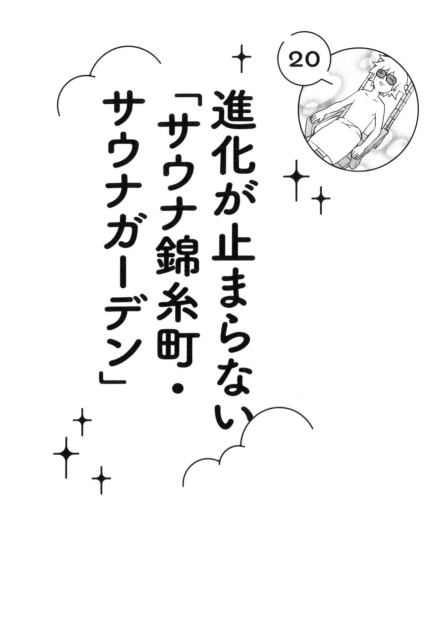

スカイツリーのそばのトータルととのい施設

サウナであったら大体友達。「サウナ好きに悪い人はいない」、なんてことわざもあるとかないとか。４年前サウナ室で出会ったサウナブロガーさんでTwitterをフォローしていたロベルト本郷三丁目さんからＤＭが来て、「サウナ錦糸町（カプセルイン錦糸町）」に最近できた屋上サウナ貸し切り施設を予約できたから来ませんか、というお誘い。ロベルトさんとは一度しか会ったことないですし、正直何をしている方かもわからないですし、一緒にいらっしゃるお友達のことも全くわからない状況でしたがサウナ好きに悪い人はいない、ということで行ってまいりました「サウナ錦糸町」。

「サウナ錦糸町」といえば昭和ストロングスタイルでサウナ室が１２０℃というクラシックさを売りにしている施設。本格的なジムが付いていたり、タトゥーがＯＫだったりかなり硬派な世界観なんですが、今回屋上に新設されたのは硬派とはかけ離れたラグジュアリー空間！　屋上スペースに最大５人入れるくらいのサウナ小屋とビニールプールでの水風呂、そして複数のととのいベッドにＢＢＱスペースに薪ストーブ！　ＢＢＱコンロはガスなので火の心配なし。さらに水着レンタル、ＢＢＱ食材まで付いているといういたれりつくせり。ＢＢＱは持ち込みＯＫなので、近所にある精肉店で好みの肉を大量に買っていくのもあり。お酒も頼めば出てくるけど持ち込みＯＫ。言うなればグランピング施設が錦糸町にやってきた！　そんな感じです。ちょっと頑張ればスカイツリーも見えますし、ロケーション最高です。

さて。ほぼ知らない人の中にサウナハット片手に飛び込んだ私。エントランスで「サウナガーデン」という旨を伝えると、水着レンタルと脱衣場の鍵。いつもと違う脱衣場で水着とサウナハット、そしてバスローブをまとって屋上へ。すると誰もいない。すでにサウナ室にいらっしゃるんですね。まるで初めてのお座敷に臨む芸者さんのような緊張感でドアを開けたら爽やかに汗をかく男女合計４人。「あ、どもども」なんて言いながらしれっと座って汗をかく。「ロウリュ、いいですか？」と手元にある桶からサウナストーンに水をかけると、狭いサウナ小屋に広がる蒸気。最高。もう友達。言葉なんていらないね、蒸気があれば大丈夫。

サウナ自体も「サウナ錦糸町」本体の１２０℃に比べて80℃くらいの中温サウナ。しかしキャパの狭さ、天井の近さもありロウリュを一度するとドワッと体感温度が高くなります。コスパいいねえ。しかしそれゆえドアの開閉一つで温度が激変するのでみんなドアに関してはナーバスになります。フィンランドのマナーとして出ていく際にロウリュをしていく、という理由がわかった気がします。そして水風呂!! ビニールプールと書きましたがまあ広い。そこいらの施設内の水風呂よりもでかい。そしてちゃんと冷えている!! チラー通してくれてるのかなあ。感謝。潜ってもOKなので頭からザブン。見上げるとでっかい空。夜には星空。最高のリゾート体験やないか! ここ錦糸町やぞ!! 血で血を洗う街やぞ!(そんなことはない)。そして脇の方に「錦糸町の滝」の文字が。行ってみるといわゆるバケツシャワー。ひょうきん懺悔室で神様にバツを出された時に受けるアレですよ。それを懺悔してな

いのに、悪いこともしてないのに自ら受けるという変態大人になりました。まあ僕は『ひょうきん族』より『加トちゃんケンちゃん』派でしたけどね！

　プールのそばにあるととのいチェアで、エクトプラズムが出るような快感を味わうこと数回。次はＢＢＱの時間だ!!　ロベルト本郷三丁目さんが用意してくれたカマンベールいちじく焼きを食べたり、お店が用意してくれている焼きそばを調理したりと嗚呼楽しや楽し。もちろんお酒もたんまり。僕が行ったのは昼だったので、太陽の下、サウナ上がりで酒を飲み肉を食らう。人生の喜びはここにあったんだな。そう言えば錦糸町という名前もめでたいじゃあないか。錦の糸ですよ。「いろいろの糸で模様を織りだした高級の織物」それが錦。自分が着ている２０００円のバスローブすら錦糸町マジックでＧＵＣＣＩに見えてくるんだからめでたいめでたい。結局ロベルトさんが何やっている人か、他の皆さんの名前もよくわからないまま終わっちゃったけど最高の経験でした。あまりに最高過ぎてその10日後も行っちゃった錦糸町。もういっそ区東部に引っ越そうかなあ。２０２１年も行きまくるぞ錦糸町！

後日談

その後、「サウナガーデン」の上にラグジュアリー施設を作ったらしいです。ガラス張りのサウナ室にラグジュアリーな外気浴。出張板前が寿司を握ってくれるというVシネの世界観！　ぶれないなあ。スカイツリーもばっちり見えるらしいので口説きたい人がいる人はぜひぜひ！

今回のサウナ

『サウナ錦糸町』（カプセルイン錦糸町内）

- 〒130-0013東京都墨田区錦糸2-6-3 第一荒木ビル
- 03-3621-1919
- 24時間営業
- 休 年中無休

SAUNA GARDEN 錦糸町

- 〒130-0013東京都墨田区錦糸2-6-3 屋上（受付2F）
- 03-3621-1919
- 貸切。各時間についてはWEBを確認
- 休 年中無休

「サウナ錦糸町」の屋上に2種類のサウナを作ってサウナ好きの中で話題にもなりましたが、なんと今年、浅草橋に24時間入れる月額制のサウナも作ってるんです！　気になるよ！　ヒャダインさん！　急いで行ってコラム書いて〜！

21

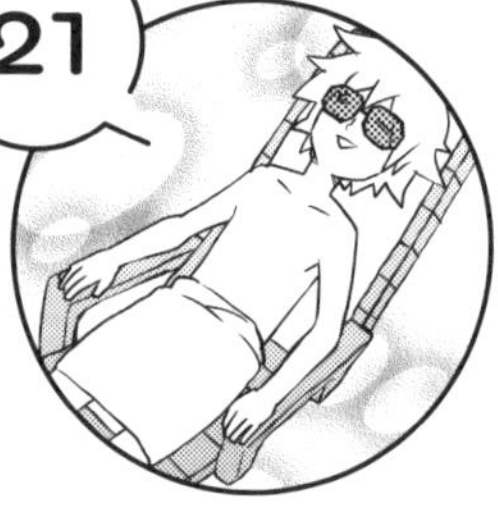

雑多な池袋にそびえ立つ
贅の極み「タイムズ スパ・レスタ」

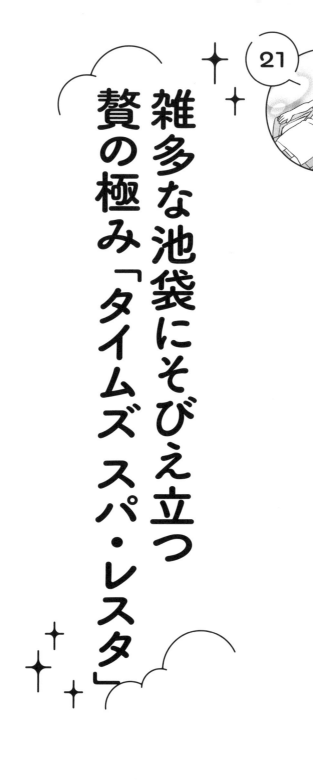

靴を脱いだらもうイキそう！

皆さん、トロピカルしてますか？　さて。日本においてトロピカルってなんだろう、て考えたとき安直にいくとハワイですよね。ワイハ。ハイビスカス、ヤシの木、フラガールなどなどアイコンとなるものは多いでしょう。しかし2000年以降の建物でリゾートラグジュアリーをコンセプトにしたものはハワイアンか？　否。そう。バリなんです！　インドネシアのバリ島だよ！ヴィラタイプの屋根やウッドデッキ、宗教っぽい木彫りとか。音楽もアロハ・オエじゃなくてガムラン。金属楽器でギャンギャラギャンギャラいう心地いいやつ。ハワイ風ってやはり90'sの匂いがするんですかね。00'sはバリなんですよ。ほら。ラブホもトロピカルリゾートはすっかりバリです。

で、本題です。今回ご紹介するサウナは池袋「タイムズ スパ・レスタ」。池袋っていっても最寄りは東池袋駅です。場所もわかりやすいとは言えない、その名もタイムズの大型駐車場の上にあり、11階です。少しむずかしい動線をクリアしたらもうあなたはリゾートの住人です。徹頭徹尾全てがラグジュアリーで統一されている異空間。内装や調度品がバリを思わせるラグジュアリーです。あの雑多な池袋のイメージとは真逆ですね。こないだ池袋西口公園に行ったのですが、地べたで若者が酒を飲んでいました。ゲロもあった。スラムかよ。その高低差もバリのリゾートを思い出させますね。市街地はなかなかアレですが、リゾートはまじリゾートなバリ。レスタは生き写しと言っていいでしょう。

まず、靴を脱ぐ時点で気づくはずです。嗚呼。なんだこの甘いとろける香りは、と。媚薬？イランイラン？　もうイキそう！　そんな芳香に酔いながらiPadを駆使した入管、いや入館手続きをすませたらふかふかのじゅうたんを歩いて清潔なロッカーへと。ロビーで手渡された館内着セットの中には、バスタオルと、ハンドタオル2枚（2枚あるのは助かる）、そしてなんと館内用靴下!!　このホスピタリティよ。ラクダ色（現在は茶色）の指が分かれた靴下がビニール袋に入れられて入ってる。館内で飯食ったり休憩したりするとき足が寒かったりするんですよね。そういった心配もこのラグジュアリー空間では問題なし。心遣いがありがたいよね。

そしてサウナ室ですがテレビありの広め仕様です。やはり大型施設なのでテレビの存在はしゃあなしです。僕はテレビなしで瞑想したいタイプなので苦手な番組がやっていたらトホホですがまあしゃあない。音量が控えめなのでよしとしましょう。何より最近導入されたオートロウリュが嬉しい！　そう。自動的に水がサウナストーンに降り注ぎ室内の体感温度と湿度が保たれるアレです。あとランダムですが、スタッフさんがいい香りのするオイルをサウナストーンにかけてくれるおかげで、いい香り。そうです。レスタはいい香りなんです。覚えといてください！

肝心の水風呂について言及しましょう。ここは結論からいうと、最高。水温計もあるのですが固定看板で「水温16℃」と書かれています。サウナ初心者に再度説明しますが普通の水風呂は大体19℃から20℃です。やはり少しぬるいんですよね。それがどんなに暑い夏場でも16℃に固定されているのは賞賛すべきことなのです。絶対チラーに

お金が莫大にかかってるはずです。嗚呼。感謝の気持ちが溢れてつい唇から「トゥリマカシー」とインドネシア語の「ありがとう」が飛び出すこと間違いなし。

そしてラグジュアリースパ「レスタ」の特筆すべきは外気浴スペース！　良サウナは、外気浴露天スペースがないところが多いのですが、ここは充実！　広くて清潔な露天スペースが広がります。なにせビルの11階にあるものですからビル風がすごい。いい風に吹かれながらこれまたラグジュアリーデッキチェアに腰掛けて目を閉じると、「スラマッパギー」とインドネシア語が聞こえてきますね。

ちなみに私このビル風の虜となり、ある日台風が直撃した日に「今だ!!!」と、「レスタ」にアタックしました。ビル風補正がされた突風は強烈で、夏だというのに体感は極寒で、水風呂の後の外気浴により案の定風邪をひきました。風を求めて風邪をひくとは皮肉なものです。しかし私の快楽への貪欲さは評価されるべきです。

レストランも美味しいし、沖縄フェアとかもやってるし、wi-fiもあるし、仕事場としても最高だ。さあ。国内の海外旅行へ！　レッツ「レスタ」！

後日談

レスタはお食事処も素敵で鍋コースとかあるので、友人4人で忘年会を開きました。定期的にフィンランド料理特集をしてくれるのですが、お値段が!! 半額だったらいいのになあ。

今回のサウナ

『タイムズ スパ・レスタ』

- 〒170-0013 東京都豊島区東池袋4-25-9 タイムズステーション池袋10階〜12階
- 03-5979-8924
- 11:30〜翌9:00
- 休 不定休

「レスタ」は落ち着いた雰囲気やホスピタリティーなどゆっくりして帰ってくださいの気持ちが素晴らしくて、仕事を頑張ったあとのご褒美サウナとして僕もお世話になってます。定期的にやっている「フィンランドフェア」はフィンランドのご飯やグッズも買えるのでオススメです。

22

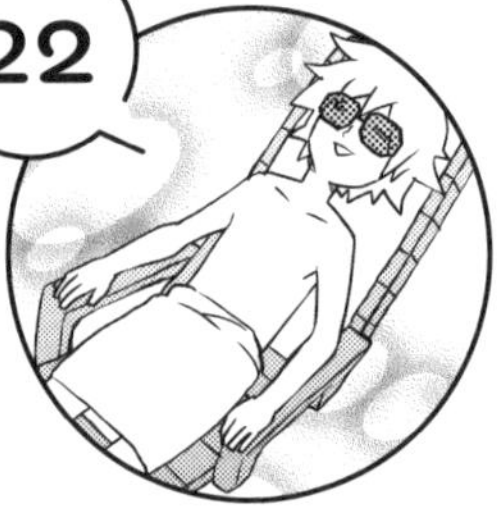

世界一カップヌードルが美味しい場所、「白銀荘」。

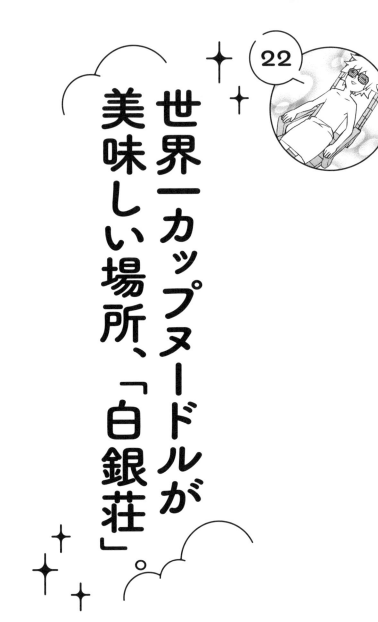

何もないのにある……極限で体感する贅

サウナ界の聖地、それを静岡県の「サウナしきじ」だと言う方が多いです。私もそう思います。一方最近〝サウナ界のラスボス〟と言われているのが北海道の上富良野にある「白銀荘」です。私が初めて「白銀荘」に行ったのは4年前の初夏。決してアクセスがいいとは言えない山の上、大雪山の麓にある保養センターです。サウナ施設ではなく保養センターゆえ設備は大変に質素でして。あれもなければこれもない。そもそも登山者が素泊まりするために作られているような施設ですからね。ないものが多いですが、他にはないものがドカーンとあるんです。この、ステータス極振り感がラスボスたる所以かもしれません。

まず駐車場に車を止めたら気づくことがあります。「え、露天風呂丸見えじゃん!!!」そうなんです！　男湯の露天スペース、駐車場との囲いがないので素っ裸が丸見え！　これぞでっかいどう!!　大丈夫かな、と思いながら施設に入ると、でかい!!　イメージとしては地方の旅館でしょうか。いそいそと入ると浴室が圧倒的!!　ヒバの木で作られた天井の高い趣のある雰囲気。そして早速目に入るのが水風呂。大雪山のかけ流しですから水質が悪いわけがない!! 蛇口にはコップがぶら下げられています。飲めるよ、って公認です。手だけ浸けてみても水温の低さ、そしてスッキリとした水質を感じられてすでにととのっちゃう。サウナ室はほどよいサイズでちょっと高温。湿度はたっぷりでこれまたヒバの香りにうっとりです。ストレスフリーで汗をかいたら例の水風呂へ。うん。こりゃシングルだな。夏でこれだと冬はエグいな〜なんて30秒くらい浸かったらお待たせしました! 外気浴へ!!

はい。前述の通り駐車場丸見えです。でもね、逆に言うと遮るものがなにもない。目の前には雄大な大雪山、見回しても人工的なものがほとんどない。本当に大自然。もちろん風の抜け方も最高です。まだ雪がかぶっている山から来たんだね。ちょっと冷たく、だけど優しいそよ風にKissをします。キモっ。横になる台があるのでそこで青空を眺める。あっという間に体と精神が大自然と一体化! 「自我」が消える瞬間の音が聞こえます。さらり。「あああああ」。声が漏れますが誰も気にしない。山の鳥がピヨピヨ鳴いている。そうだ。人間も自然の一部なんだ。なんて傲慢だったんだろう、まるで自然の覇者のように振舞っちゃって。そして私は自然に「歴史」にそして両親に祝福されて産まれてきたんだよなあ、なんてもうやべえやつ! 確実に職務質問系! そのくらいととのうわけなんですね。

極上の体験の後、サウナ飯と洒落込みたいところなんですが2階にある休憩所、有人販売がない！　ぎゃふん！　しかし宴会ができるくらいの大きい床の休憩所と座布団たち。なんか食べたいなーと見回すとカップヌードルの自動販売機が!!!　うわ！　なつかし！　よくカーフェリーに乗った時食べてたなあ。普段あまりインスタント麺を食べないんですが郷愁と空腹に動かされて気づけばお湯を入れていました。座布団までアチアチと持って行って、いただきます。う、うめえええええ！！！！　まじかよ!!!　なにこれ!!　今まで食べてたカップヌードルと明らかに味が違う。味の微細を感じられて味覚がバキバキに刺激されま

す。頭も味蕾も「美味い！」の緊急アラート、赤信号がバンバン光るイメージです。もうわ言のように「美味い美味い」と漏らしながら爆速で食べるカップヌードル。汁まで飲んで約60秒。突然訪れた美味の嵐、駆け抜けた余韻で放心状態です。あ、この感覚似てる。そうだ。ととのった!! これもととのいだ!! そうか。サウナ界のラスボスではカップヌードルでもととのいをくれるんだね。何が銀座の寿司だ。何が恵比寿のフレンチだ。美味しいの絶対値は何を食べるかじゃない、どこでいつ食べるかだ。誰かそんなこと言ってたっけ。どうでもいいや。とにかく今私は世界に愛されている。幸せはここにある。そんな多幸感で昇天目前でした。

オロポもなければハムエッグもない。リクライニングチェアもなければマッサージもない。だけど最高の幸せがここにある。今度は雪深い冬に行って雪の中にダイブする外気浴を味わいたいと思っています。その時食べるカップヌードルもきっと美味しいんだろうなあ!!! 世界は幸せで満ちている、そんなことを気づかせてくれるラスボスでした。

後日談

『サウナを愛でたい』の撮影で夏至のタイミングで再訪したのですが、上富良野の林で伐採して作ったヴィヒタでウィスキングしてもらいました。天に溶けそうな気持ちよさでございました。

今回のサウナ

『吹上温泉保養センター 白銀荘』

- 〒071-0579 北海道空知郡上富良野町吹上温泉
- 0167-45-4126
- AM10:00〜PM10:00（最終入館 PM9:00）
- 休 不定休

MAG's infomation

実はここサウナ施設ではなく、登山客が入山する前の準備などで泊まる山荘なんです。メインは山登りのお客さん。そこにサウナのみの目的で、なんなら山に背を向けてととのいに来てますので、「こんにちは〜お邪魔します」、くらいの気持ちがあるといいですね。

23

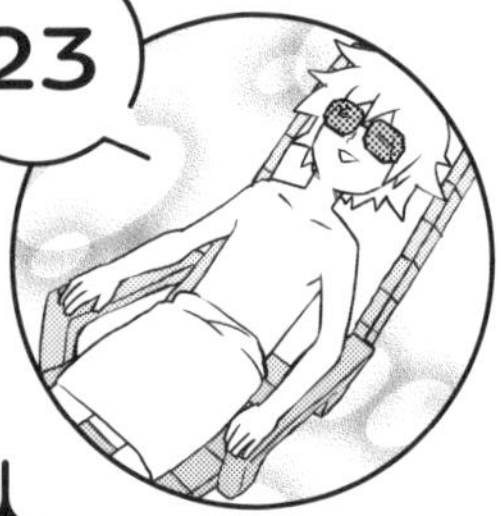

サウナ特化型最新施設！「SAUNAグリンピア」で日本の夜明けぜよ

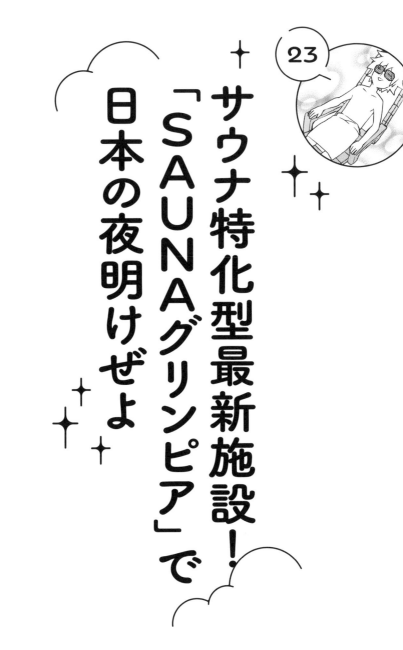

不毛の地を照らす斬新発想極上施設

野暮用がございましてひょひょいと高知県に行ってきました。ご飯がスペシャル美味しく、お酒もエスペシャル美味しくとても素敵な土地だなあ、なんて感心していたのですが、サウナがない。そう。サウナ不毛の地なんですね、高知。やはり南国にサウナが少ないというのは関係性があるのでしょうか。しかしそんなサウナに最新エクストリームサウナが爆誕しました。その名も「ＳＡＵＮＡグリンピア」。前から気になってたので今回行けるとなってわくわく。水着を持って馳せ参じました。

街から少し離れたところにあり、隣は自動車修理工場。「グリンピア」も廃工場をリニューアルして作ったというだけあって、え、大丈夫？　という感じのエントランス。爽やかなお姉さんにシステムを説明してもらって２階へと。ほんと、工場の２階って感じの建て付けが最低限の更衣室。大学生の一人暮らしのようなシャワールームが２つ、そこで体や髪を洗って水着を着て１階へ。そう。ここは男女共用なんですね。サウナ施設といえば男性専用が多い不均衡な業界において今っぽい！　新しい！　レンタルタオルを持って降りた1階、そこは摩訶不思議!!　なんじゃこれ空間が広がっていました！　先程言ったように廃工場だったのをそのまま利用。ついてとか湯船とか何もなく、迷彩柄の布を切り抜いた装飾があちらこちらに。そして10脚以上のとのいベッド、そしてテーブルと椅子も数多。それぞれの椅子の横に扇風機も置かれています。入り口もぶち抜かれているので外気もガンガン入ってきます。中と外の境目がわからない！　室内なのに広大な外気浴スペースと言うべきでしょうか。

あまりの変態性にワクワクしながらサウナ室へと。10人以上入れるだろう二段のサウナ室。照明はかなり落としているので隣の人の顔もわからないレベル。男女混合での視線問題への配慮でしょうか。素晴らしい。そしてセンターにはセルフロウリュセットとサウナストーン。「12分に1回にしてください」という張り紙もサウナストーンの冷え対策になっています。天井まですぐそこの椅子に座り、約80℃の室温に蒸されてまあ快適に汗をかくことができる！　そしてセルフロウリュもさせてもらったんですが、柄杓ではなくじょうろ。ドカーンと水をかけることなく爽やかに蒸気が放出されます。テレビもない。聴こえるかすかなBGMにうっとりです。

充分汗をかいて室外へ。するとバルコニーみたいなところに野外シャワーが2つ。シャンプーもボディーソープもなく完全に汗流し用。しっかり汗を流して大きくて深い水風呂へドブン。水温14℃。きゃー。最高!! 澄んだ水質を体全体で味わった後は、施設自慢の外気浴スペースへ。インフィニティチェアでもよし、横になれるコットでもよし、テーブル横のととのいチェアでもよし、選べる喜びを感じて目を閉じたらバチコーン!! ととのいの量が半端なかったです。受付のお姉さんにオロポを頼むと「サイズは?」と。なんとジョッキがある! チンカチンカに冷えたグラスにフローズン状になったオロポ。出来すぎだよ!!

その後、支配人の吉永さん(めっちゃイケメン)にお話を聞くことができたんですが、まず「ととのの縁側」を案内されました。DIY感満載の縁側なんですがそこ

に足を上げて寝転がります。血流が足先から下に降りるイメージですね。そこになんと吉永さんが4℃の水に浸けたタオルを目にかけてくれました。すすーと力が抜け冷気が体を抜けていきます。さらに追い打ち！　その4℃水をトロトロトロと頭にかけてくれるんです‼　なにこの感覚！　新感覚すぎて言葉にできない。ただひとつ。気持ちいい‼　変な声が出てしまいました。まあその「ととの縁側」、がっつり道沿いの露天スペースにあるので道を歩く人からは好奇の目で見られてしまいますがそんなの知るかよ‼　ご近所さんの理解もあるんだろうなあ。

で。最近できたばっかり、という貸し切りサウナも見学させていただきました。誰でも予約できるプライベートサウナなんですがこれまた素敵。部屋の中にガラスの壁のサウナ室、そしてとのいベッドにデカイテレビ。好きな音楽も流せる。そして水風呂は外の一般用を使ってもいいですし、中にある水シャワー（超低温）でととのってもいい、とのこと。

とまあ、最近のサウナブーム、そして若者がサウナに求めているものに特化したようなこの施設。サウナ界の第7世代！　と感じました。まず湯船の撤廃。外気浴スペースの充実。インスタ映えする外装内装。男女混合で楽しめる。ソーシャルディスタンスが気になるなら貸し切りサウナ。従来の価値観から逸脱した全く新しい解釈。ついにこのフェーズまできたかー、と時代の変遷にニコニコしちゃいます。このやり方が上手くいったのならば色んな廃工場を活用できますし、本来温浴施設を作るような場所じゃないところにもサウナを建設できる。「サウナの夜明けぜよ」、と坂本龍馬の声が聞こえるような可能性満タンの施設でした。

後日談

後で調べたんですが支配人の吉永さん、まっさらの廃工場を借りてイチから作り上げたらしいです。このクリエイティブの意欲、同じクリエイターとして見習わなければなあ、と思いました。

今回のサウナ

『SAUNA °GREMPIA サウナグリンピア』

〒780-0082 高知県高知市南川添18-30

090-8979-4115

月〜土／14:00〜22:30（STOP 22:00）／日・祝→9:00〜12:00・13:00〜18:30（STOP 18:00）

休 毎週火曜日、毎月不定休で日曜日〜火曜日3連休あり

もともとあったものを有効活用してサウナに。こういった施設やサウナがどんどん増えてきてますね。「グリンピア」さんのような工場や、蔵を改装して作ったサウナも地域にあって、そこにまた人が集まるようになる。どんどん進化する日本オリジナルのサウナカルチャーに期待してます。勝手に！

ヒャダインによるあとがき

2021年8月現在

数年に渡るBUBKAでのコラムをこうして書籍化させていただき読み返してみましたが、コロナ前のお気楽さとコロナ後のありがたさで文章の質がガラッと違うことに少し溜息をついています。2021年8月現在、デルタ株が蔓延し収束する見込みがありません。もちろんサウナは高温で多湿なので感染リスクは少ないとは言われていても、大手を振って県境をまたげる状態ではありません。この本で色んなところに行った想い出が鮮やかとなり、もはや懐かしさすら感じております。首都圏でサウナに行くときも少しコソコソ行っている自覚があります。

さらに空前のサウナブームによりサウナ

人口が増加、それにともない「うるさがた」の人が増えたと思います。まあ私も本編でわーわー言っているので「うるさがた」ですが。私も何度かサウナ関連でSNS炎上したことがあります。もちろん理にかなっているご批判もありますがなんだかピリついているような気もします。サウナー同士の喧嘩もSNSで見かけたこともあります。

本来リラックスをする為のサウナがコソコソ行くものになり、さらに喧騒の種になってしまうという本末転倒！　きっとサウナ室に宿る妖精と言われるトントゥはそんなこと望んでないでしょうね。みんな違ってみんないい。個人主義でサウナは楽しめばいいんじゃないかなと思っております。そもそも「ととのう」という現象も十人十色。手足が痺れるような感覚になる人もいれば頭がふらつく人もいる。ただただ気持ちいいだけの人もいるし、あんまり「ととのう」を感じない人もいる。それはそれでいいじゃありませんか。みんな違う生命体だもの。強迫観念や同調圧力で「こうじゃなきゃいけない‼」というサウナマナーは自縄自縛、モヤモヤした毎日の延長線になっちゃいます。

今回コロナを経験して感じたのは「心の健康を守ること」です。震災の時にも感じたことですが情報から距離を置かなければ心が蝕まれていきます。コロナに関しての情報を全部知る必要はありません。情報を追いかけて、それに対する多数派のコメントを見て自分の意見を固めていく。情報がないと不安になり、誰かの意見がないと何も決められない。どんどん鬱々としていく負のスパイラル。誰かを攻撃したりイガイガしたり。

さて、そんなスパイラルを断ち切るものこそがサウナだと思います。少なくとも浴室にいる時、サウナ室、水風呂にいる時はスマホはロッカーの中です。サウナ室のテレビから情報がくることはあるかもしれませんが、日常に比べたら圧倒的にニュースが少ない。ネガティブなコメントにふれることもないし何よりもディープリラックスで気持ちいい。それを現実逃避と言うかもしれませんが、それでいいじゃない。90分くらい現実から逃げたっていいじゃない。コロナなんてなかったんだ、そんな世界線を盲信する瞬間があったって怒られないです。そんな自分を許してあげましょうよ。

平日の昼間のサウナ、マイペースに楽しむご年配の姿を見ると自分がどれだけピリついていて、せかせかと動き回っていたのだろうと自省することがしばしばです。彼らは「ととのう」という言葉は知らないでしょうし、ブームになっていることすら知らないかもしれません。ただ自分のためだけにサウナと向き合い続けている諸先輩方の真っ直ぐさや正直さは見習わなければいけないなあと思います。「気持ちいいからサウナに入る」ただそれだけの簡単な方程式を〝白髪〟を見るたびに私は感じるわけであります。

書籍・本文監修
マグ万平

イラスト
COCO

デザイン
菅原 慧（NO DESIGN）
中野 潤（NO DESIGN）

編集人
沼野匡智

協力
株式会社SDR
株式会社プロダクション人力舎

田中やすはる（株式会社SDR）
清水友莉耶（株式会社プロダクション人力舎）

サミュL・カイジ・ジャパン・ガンバ・えのん・総裁・ちゃたん（BUBKA編集部）

special thanks
スパ＆カプセル ニューウイング
BIO-RESORT HOTEL&SPA O Park OGOSE
フィンランド・ヴィレッジ
八街ヴィラ
クアパレス
おふろの王様大井町店
東京ドーム天然温泉 SpaLaQua
スカイスパYOKOHAMA
サウナリゾートオリエンタル
サウナ&ホテルかるまる 池袋
スパ・アルプス
山梨泊まれる温泉より道の湯
京都 祇園のサウナ&カプセルホテル ルーマプラザ
神戸サウナ＆スパ
ベストパワーランド御湯神指し
サウナイーグル
ザ・ベッド＆スパ所沢
サウナしきじ
御船山楽園ホテル らかんの湯
サウナサン
サウナ＆カプセルホテル 北欧
天空のアジト マルシンスパ
サウナセンター
ザ・グランドスパ南大門
湯乃泉草加健康センター
汗蒸幕のゆ
綱島源泉湯けむりの庄
ウェルビー福岡
大森熱狼
ニコーリフレ SAPPORO
温莎水療 Windsor SPA 炮台山店
オアシスサウナ　アスティル
豊島園 庭の湯
サウナ錦糸町
タイムズ スパ・レスタ
吹上温泉保養センター　白銀荘
SAUNA °GREMPIA サウナグリンピア

BS朝日『サウナを愛でたい』

サウナイキタイ

サウナ、スパ、温泉、サウナ飯を愛するすべてのみなさん

ヒャダインによるサウナの記録 2018-2021
―良い施設に白髪は宿る―

2021年10月6日　第一刷発行

著者　ヒャダイン

発行人　田中辰彦

発行所　株式会社 白夜書房
〒171-0033　東京都豊島区高田3-10-12
☎ 03-5292-7751（営業部）
03-6311-7225（編集部）

製版　株式会社公栄社
印刷・製本　図書印刷株式会社